Sri Lanka

Elke Homburg kennt und liebt Sri Lanka
seit 20 Jahren. Viele Jahre lang führte sie
Studienreisegruppen über die Tropeninsel.
Heute lebt sie als Autorin und Redakteurin
in München.

 Familientipps

 Diese Unterkünfte haben
behindertengerechte Zimmer

 Ziele in der Umgebung

Preise für ein Doppelzimmer mit Frühstück:

€€€€ ab 150 €   €€ ab 50 €
€€€ ab 100 €   € bis 50 €

Preise für ein dreigängiges Menü ohne
Getränke:

€€€€ ab 30 €   €€ ab 10 €
€€€ ab 20 €   € bis 10 €

Inhalt

◄ Der Erleuchtete in einer Darstellung im
Höhlentempel von Dambulla (▶ S. 92).

Jaffna-Halbinsel
und die Ostküste

Kulturdreieck/
Königsstädte

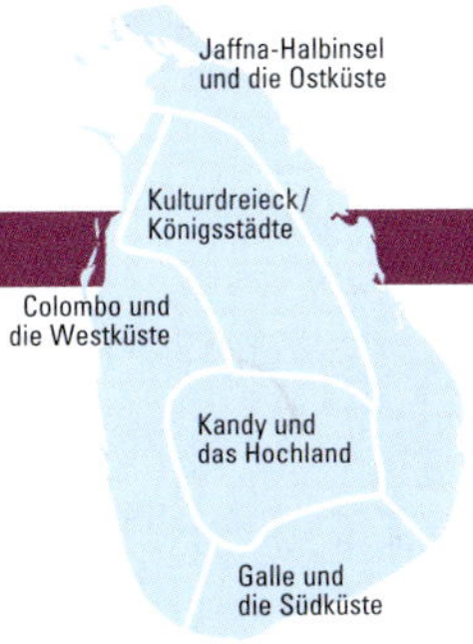

Colombo und
die Westküste

Kandy und
das Hochland

Galle und
die Südküste

Unterwegs in Sri Lanka   34

Touren und Ausflüge   112

Wissenswertes über Sri Lanka   122

✳ Karten und Pläne

Willkommen in Sri Lanka
Palmenstrände, Dschungelpfade, Teeberge und Tempelstädte – der kleine Inselstaat bietet alles und noch viel mehr.

Bei der dreihundertsten Stufe höre ich auf zu zählen. 5200 sollen es insgesamt sein: ausgetretene, von unzähligen Monsunregen ausgewaschene und zum Teil recht hohe Stufen. Kein Zuckerschlecken um 2 Uhr nachts. Immerhin – eine Leuchtschlange aus Neonröhren windet sich zum Gipfel des Adam's Peak und weist den Weg auf Sri Lankas heiligen Berg. Gebrechliche alte Menschen hangeln sich barfuß, Mantras murmelnd, mühsam von Stufe zu Stufe, gestützt auf Kinder und Enkelkinder. Väter tragen Kleinkinder auf den Schultern, Mütter stillen unterwegs ihre Babys. Eine Studentenclique aus Columbo in Tommy-Hilfiger-Sportswear, die ich in einer der Teestuben unterwegs treffe, motiviert sich mit Hip Hop im Ohr. Nach vier schweißtreibenden Stunden empfangen Öllämpchen, Gebetsfahnen und trommelnde Priester die Pilger auf dem Gipfel. Geduldig reihen sie sich in die Schlange ein, um für einen Moment einen überdimensionalen Fußabdruck zu bestaunen. Buddha persönlich hinterließ ihn, glauben die Buddhisten. Die Hindus schreiben ihn Shiva zu, Christen und Muslime Adam. Für Anhänger aller Religionen gilt: Der Aufstieg bringt jede Menge Pluspunkte fürs Jenseits oder fürs nächste Leben – je nach Religion.

◄ Monolithe enormen Ausmaßes, wie hier in Sigiriya (► S. 95), ragen mehrfach aus Sri Lankas Dschungel.

Unruhige Zeiten im Paradies

Man kennt viele Götter in Sri Lanka: Hindutempel liegen oft in nächster Nachbarschaft zu Moscheen und Kirchen. Doch vor allem ist das frühere Ceylon die Insel Gautama Buddhas, des Mannes mit dem überirdischen Lächeln, der Gewaltfreiheit predigte. Und die meisten Sri Lanker strahlen so viel Sanftmut aus, dass man sie für Musterschüler des Erleuchteten halten möchte. Warum tobte ausgerechnet hier mehr als 25 Jahre lang ein grausamer Bürgerkrieg zwischen Tamilen und Singhalesen oder – genauer – zwischen Regierungstruppen und den Rebellen der LTTE (Liberation Tigers of Tamil Eelam), der fast 100 000 Todesopfer forderte, unzählige Verwundete und Traumatisierte zurückließ und die steile touristische Karriere Sri Lankas stoppte? Eine klare Antwort auf diese Frage hat niemand. Im Mai 2009 konnte Präsident Mahinda Rajapaksa jedoch endlich den Sieg über die Rebellen verkünden. Seitdem herrscht Frieden – und Aufbruchstimmung – im ganzen Land. Die Tourismusindustrie erlebt einen einzigartigen Boom, und an der Infrastruktur wird eifrig gebastelt.

Zum Baden allein viel zu schade

Sri Lanka heißt, frei übersetzt, »strahlend schönes Land«. Das ist kein bisschen übertrieben – die Schönheit der Insel soll schon Marco Polo verzaubert haben. Doch zunächst lockten vor allem wirtschaftliche Interessen Besucher aus der Fremde an. Die Portugiesen kamen zu Beginn des 16. Jh., um ihre Karavellen mit Zimt und anderen Gewürzen zu beladen, nach denen Europa verrückt war. Ihnen folgten die Holländer und schließlich die Briten, die 150 Jahre blieben, die Insel ihrem Empire einverleibten und reichlich Kolonialarchitektur, Eisenbahnlinien, Teeplantagen, das Schulsystem und die Leidenschaft für Cricket hinterließen. In viele der alten Pflanzervillen zogen Boutiquehotels ein, in denen Nostalgiker jetzt stilvoll wohnen und Old-World-Charme genießen können.

Heute kommen die meisten Besucher zum Baden, und herrliche Strände gibt es mehr als genug. Die »Perle im Indischen Ozean« hat aber auch Aktivurlaubern viel zu bieten: Kulturliebhaber können Tempelstädte erkunden, die von der uralten singhalesischen Kultur zeugen, die auch heute noch quicklebendig ist; Gesundheitsurlauber lassen sich ayurvedisch verwöhnen, und auch Taucher, Kite-Surfer oder Wanderer finden ihr Paradies. Einzigartig ist die landschaftliche Vielfalt der Insel, die gerade einmal so groß ist wie Bayern. Man kann ein spektakuläres Bergland mit Regenwäldern, Teebergen und Wasserfällen erwandern, kann Elefanten, Leoparden oder Krokodile in Nationalparks oder Delfine und Wale vor der Küste beobachten oder sich auf Lagunen und Flüssen durch Mangrovenwälder treiben lassen. Die meisten Besucher würden Hermann Hesse zustimmen, der bei seinem Besuch 1911 ausgerufen haben soll: »Es ist das Paradies, wahrhaftig, es ist das Paradies.«

MERIAN-TopTen

MERIAN zeigt Ihnen die Höhepunkte des Landes: Das sollten Sie sich bei Ihrem Besuch in Sri Lanka nicht entgehen lassen.

 Altstadt von Galle
Hinter einem gewaltigen Wall versteckt sich ein koloniales Kleinod (▸ S. 53).

 Yala-Nationalpark
Elefanten, Leoparden, Wasserbüffel und Sambarhirsche gehören zu den Attraktionen des zweitgrößten Nationalparks im Inselstaat (▸ S. 69).

 Sri Dalada Maligawa, Kandy
Der Eckzahn Buddhas ist Sri Lankas Nationalreliquie und lockt Pilgerscharen nach Kandy (▸ S. 72).

 Botanischer Garten von Peradeniya
Einer der schönsten botanischen Gärten Asiens verlockt zu einem Spaziergang durch die Tropenflora (▸ S. 72).

 Teeplantagen
Wie ein grüner Teppich überziehen Teebüsche das Hochland. Dort wächst seit britischen Zeiten einer der weltbesten Tees (▸ S. 79).

 Sri Pada (Adam's Peak)
Der heilige Berg für Anhänger von vier Religionen bietet grandiose Blicke (▸ S. 83).

 Anuradhapura

Pilgerziel Nummer eins in der alten Hauptstadt ist der Ableger des Bodhi-Baumes, unter dem Buddha Erleuchtung erlangte (▸ S. 87).

 Felsen von Sigiriya

Die »Wolkenmädchen« und eine prächtige Aussicht entschädigen für den schweißtreibenden Aufstieg (▸ S. 95).

 Polonnaruwa

Paläste, Tempel und die schönsten Buddha-Statuen des Landes erkundet man am besten mit dem Fahrrad (▸ S. 96).

 Nilaveli Beach

Seit dem Ende des Bürgerkriegs ist einer der schönsten Strände des Landes endlich wieder zu bereisen (▸ S. 109).

MERIAN-Tipps

Mit **MERIAN** mehr erleben. Nehmen Sie teil am Leben des Landes und entdecken Sie Sri Lanka, wie es nur Einheimische kennen.

 Basarviertel Pettah
Ein Einkaufserlebnis für alle Sinne bietet Columbos Händlerviertel (▸ S. 38).

 Galle Face Hotel
Ein Hauch von Nostalgie weht durch die Veranda der Hotellegende – der perfekte Platz für den Sundowner am Meer (▸ S. 40).

 Barberyn Reef Resort
Sri Lankas ältestes Ayurvedahotel des Landes bietet Kuren, die mit Wellness-Chichi wenig gemeinsam haben (▸ S. 43).

 Dutch Canal
Am alten Zimtkanal der Holländer entlangradeln und dabei sri-lankisches Dorfleben studieren (▸ S. 49).

 Dolphin Beach Hotel
Stylishe Cabanas, eine Ice Bar zum Chillen und ein traumhafter Strand. Kurz: ein traumhaftes Plätzchen (▸ S. 50).

 Bucht von Mirissa
Kokosplamen neigen sich rund um die traumschöne Bucht – ein perfekter Ort zum Relaxen (▸ S. 59).

Bundala-Nationalpark
Weniger besucht als sein großer Bruder Yala, aber nicht weniger faszinierend, ist dieser Park ein Ort für stille Naturerlebnisse (▸ S. 64).

Teatime im Hill Club
Über dem Kamin hängt das Porträt der Queen und das Feuer prasselt im Kamin, wenn der Milchtee im Silberkännchen serviert wird. Very british (▸ S. 77)!

Kitulgala
Dschungelfeeling am Fluss genießen, der auch Pilgerziel für Cineasten ist (▸ S. 82).

Tea Trails Bungalows
Wie ein Teebaron logieren und die Welt des Tees durch Insider kennenlernen (▸ S. 84).

Tee ist ein wichtiges Exportgut des
Landes. Er wird, wie hier bei Nuwara
Eliya (▶ S. 77), in mühseliger Handarbeit
ausschließlich von Frauen gerntet.

Zu Gast **in Sri Lanka**

Teeberge, Dschungelpfade und Puderzuckerstrände, eine grandiose Tierwelt, ehrwürdige Tempel und farbenfrohe Feste – Sri Lanka bietet eine faszinierende Vielfalt auf kleinsten Raum.

Übernachten
Von der Dschungellodge bis zum Designhotel, vom gemütlichen Guesthouse bis zum nostalgischen Kolonialhotel – das Angebot ist so vielfältig, dass jeder seine Traumunterkunft findet.

◄ The Sun House (▶ S. 57) in Galle hat nicht nur schöne Zimmer, auch die Küche genießt einen exzellenten Ruf.

Nach dem Ende des Bürgerkriegs sorgte ein Bauboom für schicke neue Adressen, und in die Jahre gekommene Hotelanlagen erhielten ein Facelift. Internationale Hotels bucht man am besten über Reiseveranstalter oder übers Internet, das schont das Budget. Sollte man in der Hauptsaison unbedingt vorbuchen, so hat man in der Nebensaison Verhandlungsspielraum.

Strandhotels

Die traditionsreichsten Häuser liegen in besten Strandlagen und wurden nach dem Tsunami 2004 und nach dem Ende des Bürgerkriegs wieder auf den neuesten Stand gebracht, fast immer wurde ein Spa angegliedert. All-inclusive-Anlagen sind noch die Ausnahme. Neben den auswechselbaren Großhotels gibt es einige Stilikonen wie das Lighthouse Hotel des berühmtesten sri-lankischen Architekten Geoffrey Bawa. Vor allem an der West- und Südwestküste findet man aber auch viele kleine Guesthouses mit wenigen Zimmern, fairen Preisen und zwangloser Atmosphäre. Hinzu kamen in den letzten Jahren Boutique-Hotels – meist etwas abseits vom Strand –, die mit überschaubarer Größe, schickem Design und sehr persönlichem Service punkten, preislich aber meist im oberen Bereich liegen.

Öko-Lodges

Ganz andere Erfahrungen ermöglichen Aufenthalte inmitten der Natur in einer der zahlreichen Lodges. Sie liegen an Flüssen, Lagunen, zwischen Mangrovenwäldern oder im Bergland. Lodges können spartanisch sein oder luxuriös, aber alle bieten besondere Erlebnisse in der Natur, von Vogelbeobachtungen bis zu Wanderungen oder Kanufahrten. Die meisten Häuser haben eher wenige Zimmer und ziehen in erster Linie Individualreisende an (▶ grüner reisen, S. 19).

Kolonialhotels

Salons mit dunklen Möbeln und Kronleuchtern, knarrende Dielen und Teatime am Kamin – wer Sinn für Nostalgie hat, kommt in Sri Lanka voll auf seine Kosten. Das Repertoire reicht von ehemaligen Gouverneurspalästen, wie dem Mount Lavinia Hotel (▶ S. 40), über die kleinen staatlichen Rest Houses, in denen einst Kolonialbeamte nächtigten, bis zu ehemaligen Pflanzervillen, die für ein Publikum luxusrenoviert wurden, das sich Ruhe und Flair etwas kosten lässt. Die meisten historischen Häuser können, was den Standard betrifft, nicht mit modernen Kettenhotels mithalten. Das Flair vergangener Zeiten rechtfertigt die gehobenen Preise.

Letzteres gilt jedoch nicht für die staatlichen Rest Houses. Hier nächtigt man vergleichsweise günstig, und viele liegen an besonders schönen Plätzen, wie die Rest Houses in Anuradhapura, Polonnaruwa oder Kitulgala.

Empfehlenswerte Hotels und andere Unterkünfte finden Sie bei den Orten im Kapitel ▶ **Unterwegs in Sri Lanka.**

Preise für ein Doppelzimmer mit Frühstück:

€€€€ ab 150 €		€€ ab 50 €	
€€€ ab 100 €		€ bis 50 €	

Essen und Trinken
Rice & Curry ist
die Seele der würzigen sri-lankischen Küche, aber auch
Fans von Fisch und Meeresfrüchten dürfen sich freuen. Für
Vegetarier ist Sri Lanka sowieso das Paradies.

◄ Schmackhafte Linsen gehören in Sri Lanka, dem Land der Vegetarier, zu den wichtigsten Proteinlieferanten.

Rice & Curry fehlt auf keiner Speisekarte und ist viel mehr als ein einzelnes Gericht. Die »Hauptsache« ist in der Regel ein Hähnchen-, Fisch-, Garnelen- oder Gemüsecurry, das durch viele würzige Kleinigkeiten ergänzt wird – und natürlich durch Reis. Rindfleischcurrys schätzt vor allem die muslimische Bevölkerung. Grandios ist die Vielfalt der Gemüsecurrys – Vegetarier schweben in Sri Lanka im siebten kulinarischen Himmel. Auberginen, Rote Bete, Süßkartoffeln, Bittergurken, Jackfrucht, Kochbananen, Bananenblüten, Okraschoten, grüne Mangos oder Schlangenbohnen – es gibt kaum ein Gemüse oder eine Frucht, die nicht ins Curry passt.

Curry, Curry, Curry

Currys unterscheiden sich nach Konsistenz – flüssig bis dickflüssig –, Farbe und Schärfegrad. In den »Roten Currys« dominiert eindeutig die Chilischärfe, die nicht abgehärteten Mitteleuropäern nicht selten Tränen in die Augen treibt. Wer es nicht ganz so würzig mag, sollte sich auf »Weiße Currys« auf Kokosmilchbasis konzentrieren, die Milde am Gaumen walten lassen und meist recht flüssig sind. Unverzichtbarer Bestandteil eines »Schwarzen Currys« sind dunkel geröstete Gewürze.

Pfeffer, Muskat, Kardamom, der berühmte Ceylon-Zimt und viele andere Würzzutaten gedeihen im tropischen Klima prächtig. Jede srilankische Hausfrau schwört auf ihre ganz persönliche Gewürzmischung, die ganz gewiss nichts mit jenem gelben Pulver zu tun hat, das in Mitteleuropa als Curry bezeichnet wird.

So vielfältig wie die einzelnen Currys ist auch die Komposition der gesamten Mahlzeit, denn ein stilechtes Rice & Curry besteht nicht nur aus einem Gericht, sondern wird mit einer ganzen Palette von kleinen Schälchen serviert. Das Curry der Wahl (Fisch, Fleisch oder Gemüse) wird von mindestens zwei Gemüsecurrys begleitet, darunter meist Dhal, ein Linsencurry. Nicht fehlen dürfen Pappadam, knackige Linsenfladen, Malum, ein Salat aus gehacktem Blattgemüse und Kokosnuss, und Hodda, eine Sauce aus in Kokosmilch eingekochten Gewürzen. Außerdem gehören Chutneys, süß-sauer-würzig eingekochte Konfitüren, Pickles und Sambols, chilischarfe Gemüsemischungen, zum Begleitprogramm. Ein unverzichtbarer Klassiker ist Pol Sambol, eine Mischung aus frischen Kokosraspeln, die durch eine gute Portion Chili, Zitronensaft, fein geschnittene Tomaten und Zwiebeln Feuer bekommen. Pol Sambol wird nicht nur zu Rice & Curry, sondern auch zu vielen anderen Gerichten verzehrt.

So ist jedes Rice & Curry ein Gesamtkunstwerk, ein Gaumenschmaus aus unterschiedlichen Aromen – süßlich, säuerlich und würzig in unterschiedlichen Schärfegraden. Dazu wird Reis serviert – in gehobenen Lokalen meist indischer Basmatireis, aber auch oft der köstliche, nahrhafte rote »Country Rice«.

Fleisch spielt eine Nebenrolle, viele Sri Lanker sind Vegetarier. Allerdings essen sie oft dennoch Huhn und Fisch – gelten diese Tiere doch als untergeordnet. Und weil die Gewässer rund um die Tropeninsel reichen

Fang garantieren, kann man sich an Fisch und Meeresfrüchten laben. Hai- oder Thunfischsteaks findet man häufig auf den Speisekarten, ebenso gebratenen oder gegrillten Seerfisch (Spanische Makrele). Beliebt sind auch die »Devilled Dishes« (teuflische Gerichte) – Hähnchen, Fisch, Tintenfisch oder Garnelen mit einer großzügigen Dosis Chili.

Snacks

Vor allem zum Frühstück reicht man gern Brotfladen. Eine sri-lankische Besonderheit sind Hoppers – Pfannkuchen aus Reismehl und Kokosmilch in Form einer Halbkugel, die gestapelt werden. Mit einem Spiegelei serviert, werden Egg Hoppers daraus. String Hoppers sind flache Fladen, die an Nudelnester erinnern. Dafür wird ein Teig aus (Reis-)Mehl durch ein Sieb gepresst. Würzige Saucen oder Sambols sorgen für Geschmack.

Für den Hunger zwischendurch gibt es den Roti-Shop, wo Pfannkuchen (Rotis) – ganz nach Wunsch mit Gemüse und Fleisch oder auch mit süßen Mischungen gefüllt – serviert werden. Snackspezialitäten der tamilischen Küche sind Thosai, gefüllte Reisfladen, oder Idlis, gedämpfte Reisküchlein.

Tropenfrüchte und süße Sachen

Zum Frühstück oder nach einem würzigen Curry werden meist frische Tropenfrüchte gereicht – Klassiker wie Banane, Ananas oder Papaya sind rund ums Jahr verfügbar und unter der Tropensonne gereift einfach köstlich. Sie fehlen auf keiner Obstplatte. Weniger bekannt – aber nicht weniger köstlich – sind

Rambutan, haarige Verwandte der Lychee, Mangostan mit ihrem feinen weißen Fruchtfleisch, süß-säuerliche Guaven oder der Holzapfel mit cremigem Fruchtfleisch, das besonders gern zu Saft gepresst wird und auch zu Konfitüre verarbeitet köstlich schmeckt. Der Rosenapfel ist hübsch anzusehen, aber relativ wässrig im Geschmack.

Die Jackfrucht beeindruckt schon durch ihre Größe. Im Fruchtsalat macht sie sich genauso gut wie im Kochtopf, wo sie unreif zu einem schmackhaften Curry verkocht wird. Nur bei der berühmt-berüchtigten Durian streiten sich die Geister. »Sie stinkt wie die Hölle und schmeckt wie der Himmel«, heißt es. Nicht jeder kann sich über den fauligen Geruch hinwegsetzen, bevor er zu den cremigen Fruchtkernen hinter der stacheligen Schale vorstößt.

Der Süßspeisenklassiker Wattalapam ist ein karamelliger Pudding, der mit Kokosmilch und Gewürzen gekocht wird. Zu den süßen Kleinigkeiten für zwischendurch gehören Thalaguli, Sesambällchen, oder die zuckersüßen Rasagullas, die ursprünglich aus Indien stammen. Nahrhafter ist Curd, ein Joghurt aus Büffelmilch, der mit Palmsirup serviert wird. Kirbath, ein Reispudding, wird mit Kokosmilch gekocht. Er ist vor allem eine Festtagsspeise und wird als Weihgabe im Tempel dargebracht.

Durstlöscher

Das Repertoire an Getränken ist nicht ganz so vielfältig wie die Küche. Eine gute Wahl sind immer die frisch gepressten Fruchtsäfte oder der ebenso wohlschmeckende wie nahrhafte Saft der Königskokosnuss.

Zum würzigen Essen schmeckt das auf der Insel gebraute Lion Beer. Wein muss importiert werden und ist entsprechend teuer. Das beliebteste, weil preisgünstigste alkoholische Getränk einheimischer Männer ist der Palmschnaps Arrak. Er wird, weil günstiger als importierte Alkoholika, auch vielen tropischen Cocktails beigemischt. Rohstoff für die Destillation von Arrak ist Toddy, der Blütensaft der Zuckerpalme, der schnell zu gären beginnt – eine Art tropischer Federweißer.

Weltberühmt: Ceylontee

In verschiedenen Grüntönen zeigt sich das Hochland zwischen Kandy, Nurelia und Badulla, wo einige der edelsten Tees der Welt gedeihen. Das war nicht immer so. Vor 200 Jahren wucherte hier noch dichter Dschungel, dann überzogen die Briten die Hügel mit Kaffeesträuchern. Erst als ein Pilz Mitte des 19. Jh. fast die gesamte Kaffeeernte vernichtete, pflanzten die Kolonialherren versuchsweise Teesträucher aus Assam, die im kühlen und feuchten Hochlandklima des damaligen Ceylon vortrefflich gediehen. Schnell wurde Tee zu einem der wichtigsten Exportartikel des kleinen Landes und unter dem Markennamen Ceylon Tea jedem Teeliebhaber ein Begriff. Sein kräftiges Aroma entschärft man traditionell durch Milch, die das Kupferrot des edlen Gebräus in ein warmes Karamell verwandelt.

Fährt man in den Morgenstunden durch das Land der Teeplantagen, kann man immer irgendwo Teepflückerinnen, deren bunte Saris Akzente im Teegrün setzten, bei der Arbeit sehen. Für kümmerlichen Lohn füllen sie ihre Körbe mit der Knospe und den obersten beiden Blättern der Teepflanze. Es sind Tamilinnen, deren Vorfahren Mitte des 19. Jh. als Fremdarbeiter aus Südindien einwanderten.

Früchte als Opfergabe im Pilgerort Kataragama (▶ S. 65) an der Südküste.

Wie durch Rollen, Walzen und Fermentieren aus grünen Teeblättern ein aromatisches Getränk wird, kann man auf zahlreichen Teeplantagen erleben. Englischsprachige Führer begleiten Besucher täglich durch die Fabrikationshallen und erläutern den Prozess. Abgerundet wird der Besuch selbstverständlich durch eine gute Tasse Tee.

Empfehlenswerte Restaurants finden Sie bei den Orten im Kapitel ▶ Unterwegs in Sri Lanka.

Preise für ein dreigängiges Menü:

€€€€ ab 30 €	€€ ab 10 €
€€€ ab 20 €	€ bis 10 €

grüner
reisen

Wer zu Hause umweltbewusst lebt, möchte dies vielleicht auch im Urlaub tun. Mit unseren Empfehlungen im Kapitel grüner reisen wollen wir Ihnen helfen, Ihre »grünen« Ideale an Ihrem Urlaubsort zu verwirklichen und Menschen zu unterstützen, denen ein verantwortungsvoller Umgang mit der Natur am Herzen liegt.

Es grünt so grün ...

... auf der Tropeninsel Sri Lanka – in allen denkbaren Schattierungen. Dschungelgrüne Wälder, reisgrüne Felder und teegrüne Hügel zeugen von einer Überfülle der Natur. Doch wie sieht es mit dem grünen Gewissen aus – gibt es Konzepte für einen nachhaltigen Tourismus, der Mensch und Natur gleichermaßen achtet? Einige der klugen Könige des Landes engagierten sich bereits zwischen Antike und Mittelalter für Naturschutz und nachhaltige Landwirtschaft und verteufelten die Verschwendung von Ressourcen. Kein Tropfen Wasser dürfe in der Erde versickern, bevor er nicht zumindest ein Reiskorn gewässert habe, lautete ihr Credo. Stauseen wurden ausgehoben, um Regenwasser aufzufangen und über Kanäle zur Bewässerung auf die Felder zu leiten – ein raffiniertes System, das den Bauern half, die Trockenperiode zu überstehen.
Das ökologische Bewusstsein ging im Laufe der Geschichte immer wieder einmal verloren, und heute sieht man auch in Sri Lanka die Plastikmüllberge wachsen. Aber mehr und mehr Menschen haben verstanden, dass die grandiose Natur des Landes ein Schatz ist, den es zu bewahren gilt.

ÜBERNACHTEN
Heritance Kandalama
▸ S. 147, F 13

Wer behauptet, dass Ökohotels immer klein und unscheinbar sein müssen? Das Kandalama, 11 km südöstlich von Sigiriya gelegen, ist eine Stilikone und war ein Wegbereiter des sri-lankischen Ökotourismus. Geoffrey Bawa schuf damit Anfang der 1990er-Jahre sein Meisterstück mitten im Dschungel: ein Luxushotel mit 150 Zimmern, welches das empfindliche Ökosystem nicht zerstörte, sondern selbst Teil der Natur wurde.

Zum grünen Hotel gehört eine grüne Philosophie, in der Energiesparmaßnahmen, Aufbereitung von Ressourcen und Sozialverträglichkeit festgeschrieben sind. So wurden durch den Hotelbau 750 Familien ans Stromnetz angeschlossen, mehr als 600 Familien bekamen Zugang zu sauberem Trinkwasser, und weit über 200 Menschen aus der Umgebung erhielten permanente Arbeitsplätze. Andere beliefern das Hotel mit Lebensmitteln und gestalten das Kulturprogramm. Da die Umgebung des Hotels, wo allein 145 verschiedene Vogelarten leben, per pedes, Elefant, Pferd oder Boot erkundet werden will, lohnt es sich, etwas mehr Zeit einzuplanen.

111, Dambulla, 75 km nördl. von Kandy • Tel. 0 66-5 55 50 00 • www.heritancehotels.com/kandalama • 152 Zimmer • €€€€

Ranweli Holiday Village
▸ S. 146, B 15

Schon die Lage des Hoteldorfes zwischen Fluss und Meer – nur per Fährboot zu erreichen – ist einzigartig. Auf der Meerseite kann man am Sandstrand entspannen und auf der Flussseite zu Fuß und per Boot eine faszinierende Mangrovenlandschaft erkunden. In diesem Ökosystem leben mehr als 130 Vogelarten, rund 50 Schmetterlingsarten und auch einige Warane. Das für seine Umweltfreundlichkeit mehrfach ausgezeichnete Hotel ist als Dorf angelegt und wurde mit Naturmaterialien erbaut.

Waikkal, 18 km vom Bandaranaike Airport • Tel. 0 31-2 27 73 59 • www.ranweli.com • 75 Zimmer und Bungalows • €€€

Singharaja Garden
▸ S. 150, D 22

Unweit des Singharaja-Regenwaldes erfüllte sich ein deutsches Ehepaar 2009 einen Traum und eröffnete eine Dschungel-Lodge für Gäste, die Ruhe, Entspannung und Nähe zur Natur suchen. Auf dem 3 ha großen Grundstück verteilen sich nur wenige Zimmer und Bungalows zwischen Gärten, landwirtschaftlich genutzten Flächen und unberührter Natur. Bei Yogasessions und diversen Ayurvedabehandlungen oder am Naturpool mit Wasserfall kann man herrlich entspannen. Trekkingtouren durch den Regenwald auf alten Versorgungs- und Transportwegen abseits der Hauptrouten sind die aktive Alternative.

7th Mile Post, Yattapatha • Tel. 0 34-5 62 13 74 • www.singharaja-garden.com • 3 Bungalows, einige Zimmer • €€€

The Rafter's Retreat
▸ S. 147, D/E 16

Die Baumhäuser sind spartanisch eingerichtet, das Badezimmer liegt im Keller und ist nur über eine Leiter zu erreichen. Und für den zugegebenermaßen bescheidenen Standard sind die kleinen Häuser eigentlich viel zu teuer. Dennoch: Rafter's Retreat ge-

hört zu den ganz besonderen Plätzen. Stundenlang, tagelang könnte man an der Fensteröffnung, die ohne den Schutz einer Glasscheibe direkt in die Natur weist, sitzen, auf den Kelani-Fluss schauen und seinem Gurgeln lauschen. Wer mehr erleben möchte: Dschungelwanderungen, Vogelbeobachtung, Mountainbiken, Höhlenerkundungen und Rafting gehören ebenfalls zum Programm.
Kitulgala • Tel. 0 36-2 28 75 98 • www.raftersretreat.com • 10 Baumhäuser • €€

Nature Resort   ▶ S. 150, C 23
Zwischen Mangrovenwäldern und Zimtplantage versteckt sich diese kleine Hotelanlage an einem See im Hinterland Hikkaduwas. Die Bungalows stehen auf Stelzen im Wasser, und die Veranden sind wunderbar friedliche Plätzchen, wo der Rummel Hikkaduwas eine Weltreise entfernt scheint. Per Boot kann man die Mangrovenlandschaft erkunden und auf Vogelbeobachtung gehen.
Hikkaduwa, Pathana, Baddegama Rd. (2,5 km) • Tel. 0 91-4 38 30 06 • http://natureresort.lk • 8 Zimmer und 3 Bungalows • €

AUSFLÜGE

Das erste Naturschutzgebiet der Welt beanspruchen die Sri Lanker für sich: Bereits im 3. Jh. soll König Devanampiya Tissa – beeinflusst vom Missionar Mahinda und dem buddhistischen Ideal des Nichttötens – die Region rund um Mihintale zum Naturschutzgebiet erklärt haben. Erst in der ersten Hälfte des 20. Jh. knüpfte man an diese Tradition an. 1949 wurde das Department of Wildlife Conservation (www.dwc.gov.lk) gegründet, dem heute eine stattliche Zahl von Natur-

reservaten und rund 20 Nationalparks unterstellt sind, die insgesamt 12 Prozent der Landesfläche einnehmen. Einige der attraktivsten sind:

Bundala-Nationalpark
      ▶ S. 152, B/C 27
Küstenstreifen im Südosten bei Hambantota. Zwischen Strand und Lagunen tummelt sich vor allem eine bunte Vogelwelt. Jeep-Safaris.

Gal Oya Nationalpark
      ▶ S. 148/149, C/D 18/19
Noch wird der Park im Osten Sri Lankas selten besucht. Rund um einen großen Stausee sind Elefanten, Sambarhirsche und viele Vögel zu beobachten. Jeep-Safaris.

Horton-Plains-Nationalpark
      ▶ S. 151, F 21–S. 152, A 25
Das Hochplateau südlich von Nuwara Eliya, von Sambarhirschen, Leoparden und endemischen Weißbartlanguren bewohnt, kann zu Fuß erkundet werden.

Sinharaja Rainforest
▶ S. 85   ▶ S. 151, D/E 22/23

Udawalawe-Nationalpark
▶ S. 68   ▶ S. 152, A 26

Wilpattu-Nationalpark
▶ S. 91   ▶ S. 142/143, B–D 6/7

Yala-Nationalpark
▶ S. 69   ▶ S. 152/153, C–E 25–27

WAL- UND DELFINBEOBACHTUNG

Zu den »Big Five« Sri Lankas gehören neben Elefant, Leopard und Lippenbär auch zwei Meeressäuger – Blauwal und Pottwal, die vor den Küsten zu bestimmten Jahreszeiten

Das Heritance Kandalama (▸ S. 19) bei Dambulla wird von der Natur zurückerobert. Es zählt zu den frühen Beispielen naturnaher Architektur in Sri Lanka.

häufig anzutreffen sind. Ideale Ausgangspunkte für die Beobachtung der majestätischen Tiere sind Kalpitya an der Nordwestküste, Mirissa an der Süd- und Trincomalee an der Ostküste. Hauptsaison für die Meeressafaris ist von November bis April.

Eco Team Sri Lanka
▸ Klappe hinten, südwestl. f 6

Das mehrfach mit Preisen bedachte Team bietet für Naturliebhaber und Outdoorfans ein breites Spektrum an Aktivitäten abseits der ausgetretenen Pfade: Wanderungen, Mountainbiken, Ballonfahrten, Off-Road-Touren mit Allradfahrzeugen, Klettern, Regenwalderkundungen, Nationalparksafaris (auch mit Luxus-Camping), Kajak- und Kanutouren, Tauchen, Surfen, Rafting, Hochseeangeln, Wal- und Delfinbeobachtung und Weiteres mehr.

Colombo, Fairfield Gardens • Tel. 0 11-5 83 08 33 • www.srilanka ecotourism.com

Jetwing Eco Holidays
▸ Klappe hinten, c 4

Mehrtägige Safaris in den Nationalparks, geführte Touren für Schmetterlingsliebhaber, Freunde von Elefanten, Leoparden und Affen, Kurse für Naturfotografen und Luxussafaris zu den schönsten Plätzen der srilankischen Natur. Der kleine Ableger einer renommierten Reiseagentur in Colombo hat sich auf Individualreisende und Kleingruppen spezialisiert und schneidert jedem Kunden das passende Programm.

Jetwing Hotel, Colombo, 46/26 Navam Mawatha • Tel. 0 11-2 38 12 01 oder 2 34 57 00 • www.jetwingeco. com

Einkaufen Achtung, der Kaufrausch droht! Von Edelsteinen bis zu Gewürzen und Tee reicht die Palette der Mitbringsel. Günstige westliche Mode findet man in den Outlets Colombos. Also reichlich Platz im Koffer einplanen.

◄ Saris, hier in einem Geschäft im Pettah-Viertel in Colombo (▶ MERIAN-Tipp, S. 38), sind beliebte Mitbringsel.

Keine Frage – Sri Lanka ist ein Einkaufsparadies, und Souvenirs gibt es für jeden Geschmack und jeden Geldbeutel. Zu den Highlights unter den kunsthandwerklichen Erzeugnissen gehören Batikbekleidung und Batikgemälde, die man in Geschäften in und um Kandy, auf Märkten und in Hotelshops findet. Auch Holzschnitzereien (Elefanten, Masken und mehr) findet man in Hülle und Fülle. Wer nicht handeln mag: Kunsthandwerk zu Festpreisen verkaufen die staatlichen Laksala-Kaufhäuser. Ein Spezialität rund um Galle sind Klöppelspitzen, die man den Klöpplerinnen direkt abkaufen kann.

Seidensaris kauft man am besten in den Konfektionsgeschäften im Pettah-Viertel in Colombo, wo auch die Damenwelt der Hauptstadt shoppt. Viele westliche Designer lassen in Sri Lanka nähen. Ausschussware zu Schnäppchenpreisen findet man in den Outlets in Colombo.

Antiquitäten und Edelsteine

Ein gutes Pflaster für Antiquitäten (Schmuck, Palmblattmanuskripte) ist Galle. Beachten sollte man jedoch, dass für die Ausfuhr alter Stücke (über 50 Jahre) eine Ausfuhrgenehmigung notwendig ist.

Blaue Saphire, Rubine, Katzenaugen, Turmaline, Mondsteine, Amethyste und zahlreiche andere Edelsteine und Schmucksteine, die in Sri Lanka gefördert werden, funkeln in den Auslagen der Juweliere um die Wette. Wer nicht selbst Spezialist ist, sollte nur bei staatlich lizenzierten Händlern kaufen, die Filialen in großen Hotels unterhalten sowie Showrooms mit Schauwerkstätten in Colombo und Kandy betreiben. Nicht selten werden dort kleine Edelsteinseminare angeboten, die für die Verkaufsverhandlungen fit machen (handeln erwünscht!).

Kulinarische Souvenirs

Ceylontee gehört zu den wichtigsten Exportartikeln des Landes. Beste Qualität bekommt man in den Shops der Plantagen im Hochland. Bei einer (kostenlosen) Verkostung kann man sich vom Aroma der besten Hochlandqualitäten überzeugen. Und dann darf eingekauft werden, denn die Preise erfreuen das Teetrinkerherz. Tipp: Unbedingt eine Packung »Silver Tips« mitnehmen! Auch manche Teegeschäfte in Colombo führen ein gutes Sortiment.

Gewürze gehören zum natürlichen Reichtum der Insel und werden seit der Kolonialzeit exportiert. Vor allem zwischen Kandy und Matale findet man immer wieder Hinweise auf »Spice Gardens«, Mustergärten großer Gewürzplantagen. Im Rahmen einer (kostenlosen) Führung erfährt man hier, wie Pfeffer, Ingwer, Zimt & Co. wachsen, und kann auch so manches Wundermittel gegen fast jedes Wehwehchen erwerben.

Auch auf dem Markt von Kandy baumelt an den Ständen alles, was die Gewürzgärten hergeben. Mit ein bisschen Verhandlungsgeschick kann man die Preise der Gewürzgärten unterbieten.

Empfehlenswerte Geschäfte und Märkte finden Sie bei den Orten im Kapitel ▶ **Unterwegs in Sri Lanka.**

Feste und Events
Im multireligiösen Sri Lanka wird fast immer irgendwo gefeiert. Oft mit Elefantenprozessionen, Tänzern und Musikern und immer farbenfroh, lautstark und für alle Sinne.

◄ Navam Perahera (▶ S. 25) ist der wichtigste Feiertag für die Buddhisten in der Hauptstadt Colombo.

Die meisten Feiertage sind an den Mondkalender gekoppelt, speziell an die Vollmondphase. So feiern die Buddhisten an jedem Vollmondtag das **Poya-Fest**. Büros, Banken und viele Geschäfte haben dann geschlossen, und es wird kein Alkohol ausgeschenkt. Auch muslimische Feiertage wie der Geburtstag des Propheten oder Id-Ul-Fitr, das Ende des Ramadan, richten sich nach dem Mondkalender. Die Termine verschieben sich entsprechend von Jahr zu Jahr und sind unter www.srilanka.travel zu finden.

JANUAR
Duruthu Perahera, Kelaniya bei Colombo
Der Jahrestag erinnert an einen (historisch nicht belegten) Besuch Buddhas auf Sri Lanka und wird mit einer Elefantenprozession begangen.
Januar-Vollmond

FEBRUAR
Tag der Unabhängigkeit
Paraden und Umzüge.
4. Februar

Navam Perahera, Colombo
Prozession mit Elefanten, Tänzern, Mönchen und Gauklern, die an das erste buddhistische Konzil erinnert.
Februar-Vollmond

MÄRZ/APRIL
Aluth Avurudu
Singhalesen und Tamilen feiern ihr Neujahrsfest. Das halbe Land ist unterwegs zu Familienbesuchen.
13./14. April

OSTERN
Mit Prozessionen und Passionsspielen erinnert die christliche Bevölkerung an das Leiden Christi.
März/April, besonders in Negombo

MAI
Wesak
Anlässlich von Buddhas Geburt, Erleuchtung und Tod feiert man zwei Tage und Nächte lang.
April-Vollmond

JUNI
Poson, Mihintale
Am Jahrestag der Ankunft des Buddhismus auf der Insel wird Mihintale, der Ort des Geschehens, zum Pilgerziel.
Juni-Vollmond

JULI
Esala Perahera, Kandy
An zehn Tagen bzw. Nächten ziehen festlich geschmückte Elefanten, begleitet von Tänzern und Musikern, vom Zahntempel aus durch die alte Königsstadt. Einer von ihnen trägt die bedeutendste Reliquie des Landes – den vermeintlichen Eckzahn Buddhas.
Juli-Vollmond

Wallfahrt nach Kataragama
Zigtausende Hindus pilgern in den kleinen Ort, nördlich von Hambantota, um dem Hindu-Kriegsgott Skanda zu huldigen.
Juli-Vollmond

NOVEMBER
Deepavali
Die Hindus feiern mit diesem Lichterfest den Sieg des Guten über das Böse.
Neumond

Sport und Strände

An herrlichen Stränden, wo man sich sonnen und räkeln kann, besteht in Sri Lanka gewiss kein Mangel. Hinzu kommen zahlreiche Betätigungsmöglichkeiten im und unter Wasser.

◄ In Hikkaduwa (► S. 46), dem Top-Strand an der Westküste, wartet ein Surfer auf die perfekte Welle.

Das kleine Land ist ein Paradies für alle, die sich gern bewegen – sei es am Strand oder in den Bergen. Surfer, Taucher und auch die Fans der Trendsportart Kite-Surfing finden beste Bedingungen vor. Wanderer genießen zwischen Dschungelpfaden, Hochplateaus und einem heiligen Berg jede Menge Abwechslung. Bislang gibt es zwar erst drei Golfplätze auf der Insel, aber sie gehören zu den schönsten Asiens und lassen jedes Golferherz höher schlagen.

GOLF

Der Sport der britischen Kolonialherren erfreut sich heute bei Sri Lankas Upper Class großer Beliebtheit. Gastspieler sind willkommen.

Nuwara Eliya Golf Club
► S. 147, F 16

Anspruchsvoller 18-Loch-Platz auf 1884 m Meereshöhe mit reichlich Old-World-Flair.
Nuwara Eliya • Tel. 0 52-2 22 28 35

Royal Golf Club
► Klappe hinten, südöstl. f 6

Der älteste Golfclub Asiens wurde 1879 gegründet. 18-Loch-Platz im Herzen Colombos.
Colombo • Tel. 0 11-2 69 54 31 •
www.rcgcsl.com

Victoria Golf & Country Resort
► S. 147, F 15

18-Loch-Course bei Kandy. Herrliche Lage auf 500 m über dem Meer und angenehmes Clubhaus.
Rajawella • Tel. 0 81-2 37 63 76 •
www.golfsrilanka.com

RAFTING/KANU/KAJAK

Mit dem Kanu kann man von Strandorten wie Bentota und Beruwela aus die Mangrowenwälder des Kalu Ganga, Bentota Ganga oder küstennahen Lagunen erkunden. Die beste Saison fürs Wildwasser-Rafting ist im November und Dezember, von Januar bis Juni ist die Strömung sehr langsam.

Action Lanka
► S. 146, B 21

Rafting- und Kajaktrips auf dem Mahaweli Ganga, Suda Ganga und Sithawaka River sowie rasante Kajaktrips auf dem Jungle River, Kalu Ganga und Walewe Ganga.
Koswatta • Tel. 0 11-2 79 15 84 •
http://actionlanka.com

The Rafter's Retreat
► S. 143, D/E 16

Ideal für Anfänger sind Rafting-Trips auf dem Kelani Ganga bei Kitulgala.
Kitulgala • Tel. 0 36-2 28 75 98 •
www.raftersretreat.com

STRÄNDE

Seit der Wiedereröffnung der Ostküste für den Tourismus ist an Sri Lankas 1000 km langen Stränden rund ums Jahr Badesaison: Von November bis April räkelt man sich an den Stränden der Süd- und Westküste, zwischen April und November sind die Bedingungen an der Ostküste ideal. Ob Wassersportler, Sonnenanbeter, Partylöwe oder Ruhesuchender – jeder findet das perfekte Plätzchen. Allerdings ist das Bad im Meer nicht immer und überall ungefährlich. Über Unterströmungen sollte man sich informieren und das Badeverbot bei roter Flagge beachten.

WESTKÜSTE

Negombo, Beruwela, Bentota oder Hikkaduwa sind als Badeorte seit Jahrzehnten im Geschäft. Entsprechend gut ist die Infrastruktur.

Dutch Bay/Kalpitiya ▸ S. 142, A 7

An der Dutch Bay bei Kalpitiya mit ihren langen und (noch) leeren Stränden herrscht Goldgräberstimmung. Im Winter Ausgangspunkt für Delfin-Beobachtungstouren, im Sommer ein Mekka der Kitesurfer.

Negombo ▸ S. 146, B 15

Der lange, breite Strand gehörte zu den ersten Tourismuszielen Sri Lankas. Besonders am Wochenende ist er sehr belebt und ein idealer Platz, um sri-lankisches Familienleben zu studieren.

Bentota ▸ S. 150, B 22

Wer im Urlaub nicht nur Ruhe sucht, ist am Bentota Beach gut aufgehoben. Vom Windsurfen bis zum Kanufahren auf dem Bentota River reicht das Wassersportprogramm. Hauptsächlich Pauschalurlauber.

Hikkaduwa ▸ S. 150, C 23

Die ehemalige Hippie-Hochburg mit ihrem langen, breiten Strand lockt Surfer, Taucher, Schnorchler und Schwimmer gleichermaßen an. Hier mischen sich Individual- und Pauschalurlauber.

SÜDKÜSTE

Die ruhigere Südküste zog bislang vor allem Individualreisende an. Doch mit der Eröffnung des neuen internationalen Flughafens bei Hambantota rückt sie verkehrstechnisch aus dem Abseits und rüstet sich für den Besucheransturm.

Unawatuna/Welligama ▸ S. 151, E 24

Die Entdeckung der 1990er-Jahre war die Bucht von Unawatuna bei Galle. Wegen vorgelagerter Korallenriffs schön zum Schnorcheln und Tauchen. Abends locken die Beachpartys.

Mirissa ▸ S. 151, E 24

Mirissa wurde vor einigen Jahren zum Treffpunkt einer jungen Szene. Kein Wunder, die sichelförmige Bucht ist ein traumhaftes Plätzchen. Gut zum Surfen und als Ausgangspunkt fürs Whale-Watching.

Tangalle ▸ S. 151, F 24

Mehrere Kokospalmenbuchten, die nicht alle zum Baden geeignet sind, aber mit landschaftlicher Schönheit punkten.

OSTKÜSTE

Seit dem Ende des Bürgerkriegs wird an der Ostküste eifrig gebaut. Die ersten Hotels haben nach einem Facelift längst wieder eröffnet, neue kommen ständig hinzu.

Nilaveli Beach ▸ S. 144, B 10

Nilaveli Beach und der nahe Uppuveli Beach bei Trincomalee locken mit weißem Sand und Südseefeeling. Weil er flach abfällt, ist Nilaveli ideal für Familien. Der Naturpark Pigeon Island liegt nur wenige Bootsminuten entfernt und gehört zu den schönsten Tauch- und Schnorchelplätzen Sri Lankas.

Passekudah Bay ▸ S. 149, D 17

Weißer Puderzuckersand macht den Strand zu einem der schönsten des Landes. Bis jetzt ist es noch sehr ruhig. Die ersten der zwölf geplanten Beach-Resorts haben eröffnet, drumherum noch keine touristische Infrastruktur.

Arugam Bay ▸ S. 153, E 25

Vor allem Surfer treffen sich hier zwischen April und November zum Tanz auf den Wellen.

SURFEN/WINDSURFEN/KITESURFEN

Wellenreiter treffen sich zwischen November und April in Hikkaduwa oder Mirissa. Im Sommerhalbjahr ist Arugam Bay an der Ostküste das Surfer-Mekka. Kenner zählen den Ort sogar zu den zehn besten Surf-Spots weltweit.

Windsurfen gehört zum Angebot vieler Strandhotels vor allem in Bentota. Anhänger der Trendsportart Kitesurfing zieht es in den Sommermonaten, wenn der Wind kräftig bläst, an die Nordwestküste nach Kalpitiya.

Kitekuda Camp ▸ S. 142, A 7

Kalpitiya • Tel. 0 72-2 23 29 52 • www.srilankakiteschool.com

WUSSTEN SIE, DASS ...

... die Nationalsportart Nr. 1 in Sri Lanka Kricket ist? Die Kricketstars werden als Helden verehrt und sind Spitzenverdiener.

TAUCHEN/SCHNORCHELN

Zwischen November und April kann man in Hikkaduwa oder Unawatuna und im Sommerhalbjahr in Nilaveli mit großen Fischen schwimmen, Korallenriffe sowie eine Reihe von Schiffswracks erkunden. Eine besondere Attraktion ist das Wrack des 1942 vor Batticaloa gesunkenen

Flugzeugträgers HMS Hermes, das zu den wenigen Riesenwracks gehört, die für Sporttaucher erreichbar sind (35–50 m Tiefe).

Zahlreiche PADI-Tauchschulen bieten auch Kurse und Tauchgänge mit deutschsprachigen Lehrern an.

Poseidon Diving Station

– Hikkaduwa • Tel. 0 91-2 27 72 94
– Trincomalee/Nilaveli • Tel. 07-77 06 94 42
www.divingsrilanka.com

Bavarian Divers Sri Lanka

▸ S. 147, E 24

Kapparatota Weligama • Tel. 0 41-2 25 27 08 • www.cbg.de/bavariandivers

WANDERN/MOUNTAINBIKING

Die Besteigung des Adam's Peak, Sri Lankas heiliger Berg, Dschungelwanderungen zwischen Schluchten und Wasserfällen in den Knuckles Ranges bei Kandy, Regenwaldwanderungen im Singharaja Rainforest oder eine Rundwanderung auf dem Hochplateau der Horton Plains bei Nuwara Eliya, dem letzten Bergnebelwald der Insel – abwechslungsreiche Wandergebiete gibt es in Hülle und Fülle, und in vielen Hotels bieten Wanderführer ihre Dienste an.

Auch für Mountainbikefans gibt es viel zu entdecken, allerdings fehlt momentan noch die Infrastruktur, und die Leihräder erfüllen nicht höchste Qualitätsansprüche. Organisierte Touren bietet Action Lanka (▸ S. 27) an. Genussradler können die heiligen Bezirke von Anuradhapura und Polonnaruwa mit einfachen Fahrrädern erkunden, die man in vielen Hotels und Guesthouses ausleihen kann.

Familientipps

Die Sri Lanker lieben Kinder und empfangen sie sehr liebevoll. Neben den schönen Stränden und der tropischen Natur faszinieren Kids jeden Alters ganz besonders Elefant, Delfin & Co.

◄ In Pinnawela (► S. 31) finden verwaiste Elefantenbabys ein neues Zuhause – wie man sieht, mit guter Versorgung.

Ab welchem Alter man dem Nachwuchs Zeitverschiebung und tropische Temperaturen zumuten möchte, entscheidet jeder für sich. Mit kleinen Kindern sollte man für einen Badeaufenthalt flach abfallende Strände wie Nilaveli, Uppuveli oder Unawatuna auswählen und Badewarnungen strikt befolgen. Wegwerfwindeln und Babynahrung sind inzwischen in Supermärkten (in Colombo, Kandy und den wichtigsten Badeorten) erhältlich und erleichtern das Reisen. Kinder ab dem Schulalter werden den farbenfrohen Tropenalltag mit vielen kleinen Erlebnissen am Wegesrand genießen.

ELEFANTENREITEN

Wenn man den Dickhäutern ganz nah kommen will: In einigen Hotels rund um Habarana werden Ausflüge auf dem Elefantenrücken angeboten.

Elefantenwaisenhaus Pinnawela
► S. 143, D 15

Ein Muss auf jeder Familienreise: Seit 1975 werden hier Elefantenbabys, die ihre Familien verloren haben, aufgezogen. Ideal für einen Besuch sind die Badezeiten (10–12 und 14–16 Uhr), wenn die Dickhäuter im Fluss plantschen.
Pinnawela, Karandupona Rambukkana Rd. (zwischen Colombo und Kandy) • www.qplesoft.net • tgl. 8–18 Uhr • Eintritt 2000 Rs, Kinder 1000 Rs

Excel World Entertainment Park
► Klappe hinten, e 4

Eine Alternative zu den Attraktionen der Natur ist der Freizeitpark in Colombo, der bei einheimischen Familien hoch im Kurs steht. Mit Pool, Bowlingbahn, Rollschuhbahn, Autoscooter, 4D-Kino, Gokartbahn und Spielplätzen, Restaurants und Food Courts ist für alle Altersstufen etwas geboten. Und die Kids knüpfen schnell Kontakt zu einheimischen Kindern.
Colombo, T. B. Jayah Mawatha • www.excelworld.lk • Eintritt frei, überschaubare Kosten für die Attraktionen

NATIONALPARKTOUREN

Kinder lieben Tiere, und sie in freier Wildbahn zu erleben ist zweifellos ein großes Erlebnis. Stundenlang geduldig im Jeep über die Pisten holpern, sich still verhalten und mit dem Fernglas ins Dickicht spähen, fällt jedoch vor allem jüngeren Kindern schwer. Deshalb sollte man einen Nationalpark wählen, in dem Begegnungen mit Tieren garantiert sind – z.B. im Minneriya-Nationalpark bei Polonnaruwa (► S. 99) sowie im Udawalawe-Nationalpark (► S. 69), wo der Bestand an wilden Elefanten am größten ist.
Udawalawe-Nationalpark • tgl. 7–18 Uhr • Eintritt 14 US-$, Kinder 7 US-$

WAL- UND DELFINBEOBACHTUNG

Wale und Delfine stehen bei Kindern hoch im Kurs. Von Dezember bis April, wenn sich die beeindruckenden Meeressäuger der Küste bis auf wenige Kilometer nähern, kann man sie besonders gut beobachten. Die besten Ausgangspunkte sind Mirissa (Mirissa Water Sports ► S. 60), Kalpitya (Dolphin Beach ► MERIAN-Tipp, S. 50) oder Trincomalee (z. B. das Hotel Chaaya Blu ► S. 105).

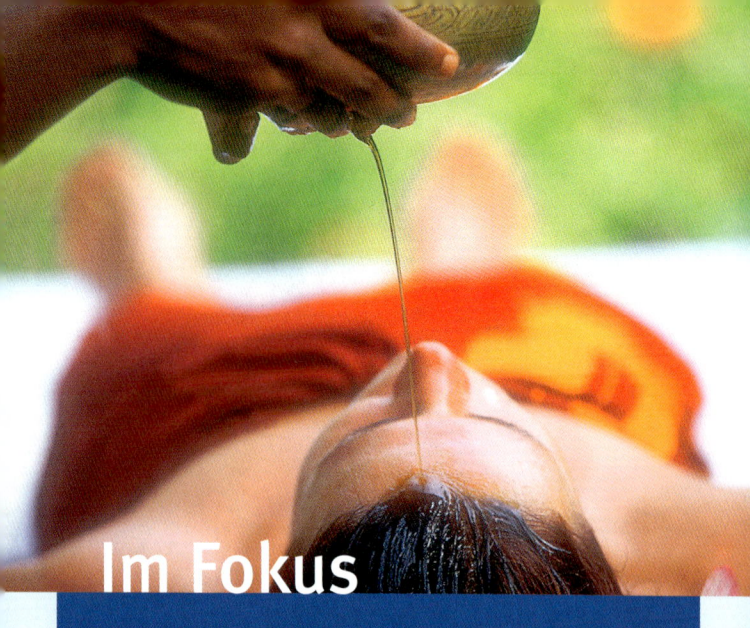

Im Fokus

Ayurveda
Immer mehr Urlauber verbinden ihren Sri-Lanka-Aufenthalt mit einer Ayurveda-Kur. Man sollte sehr genau darauf achten, in wessen Hände man sich begibt.

Ayurveda gilt als älteste Gesundheitslehre der Welt. In Sri Lanka wie in Südindien ist das »Wissen vom langen Leben« tief in der Kultur verwurzelt und erlebte nach der Unabhängigkeit beider Länder eine Renaissance. Die ersten Rezepte sollen bereits vor mehr als 2000 Jahren auf Palmblätter geritzt worden sein, und bereits im 5. Jh. v. Chr. wurden die ersten Ayurveda-Kliniken gegründet. Heute sind sie auf der Insel wieder weit verbreitet.

An zwei Ayurveda-Colleges werden in Sri Lanka neben Medizinern westlicher Schule in sechsjähriger Studienzeit auch spezielle Ayurveda-Ärzte ausgebildet. Anders als ihre westlichen Kollegen, die Krankheitssymptome behandeln, betrachten Ayurveda-Mediziner den Menschen ganzheitlich – als Einheit von Körper, Geist und Seele.

Seit Ayurveda von westlichen Gesundheitsurlaubern entdeckt wurde, schießen Ayurveda-Hotels wie Pilze aus dem Boden, die unterschiedlichsten Bedürfnissen gerecht werden. Viele Hotel-Spas verwöhnen ihre Gäste mit Ayurveda-Massagen – dagegen ist nichts einzuwenden. Eine Panchakarma-Reinigungskur, die mindestens 2 Wochen dauern sollte, hat jedoch mit Wellness-Chi-Chi wenig gemeinsam. Neben einer speziellen Ernährung gehören intensive Reinigungsmethoden zum Kurprogramm,

◄ Stirngüsse sind im Lawrence Hill Paradise (► S. 33) Teil der Therapie.

das unter Aufsicht eines Arztes durchgeführt werden muss. Die Reinigung des Körpers ist Voraussetzung für Heilung, aber nicht immer ein angenehmer Prozess. Dafür sind die Erfolge z.B. bei Stoffwechselkrankheiten, stressbedingten Beschwerden, Bluthochdruck, Übergewicht oder Rheuma beachtlich. Das Schmieren, Ölen und Schwitzen gehört zu den angenehmen Disziplinen. Massagen mit pflanzlichen Ölen stärken Kreislauf, Nerven und Muskulatur und sind gleichzeitig Balsam für die Seele. Kräuterbäder, Dampfbäder und Inhalationen ergänzen die Behandlung. Zum Kurerfolg trägt eine (fleischlose) Diät wesentlich bei, die für jeden Gast individuell zusammengestellt wird. Und schließlich werden auch pflanzliche Medikamente verabreicht, die man in den Kliniken und Ressorts auch heute noch oft in Handarbeit herstellt.
Wer sich für eine traditionelle Kur interessiert, sollte sich im Vorfeld gut informieren und sich an einen Spezialveranstalter wenden, z.B. Neue Wege Reisen, Tel. 0049-22 55-9 59 10, www.neuewege.com.

EMPFEHLENSWERTE AYURVEDA-RESORTS

Heritance Maha Gedara
► S. 44   ► S. 150, B 22

Barberyn Reef Resort
        ► S. 150, B 22, u. S. 151, E 4
► MERIAN-Tipp, S. 43

Greystones-Villa   ► S. 152, C 23
Kleine Anlage inmitten von Teeplantagen in 1400 m Höhe. Das Herrenhaus im Kolonialstil ist seit 1992 Ayurveda-Resort unter deutscher Leitung – Konsultationen und Vorträge auf Deutsch. Nur authentische Panchakarma-Kuren ab drei Wochen Dauer zu festen Terminen.
Diyatalawa, 8 km westlich von Bandarawela • www.greystones-villa.de • €€€

Lanka Princess   ► S. 150, B 22
Strandhotel und Kurzentrum gleichermaßen. Die perfekte Wahl ist das 4-Sterne-Hotel unter deutscher Leitung für Paare, die gemeinsam ihren Urlaub verbringen, aber nicht beide eine Ayurveda-Kur buchen möchten. Professionelles Kurzentrum, das sich ganz auf deutschsprachige Gäste eingestellt hat. Yogakurse und Vorträge auf hohem Niveau.
Beruwela • Tel. 034-2 27 67 11 • www.lankaprincess.com • 104 Zimmer, 6 Suiten • €€€

Lawrence Hill Paradise
        ► S. 150, C 23
Das kleine Resort unter deutscher Leitung liegt strandnah (5 Min. Fußweg) in Hikkaduwa und punktet durch sehr individuelle Betreuung. Die Zimmer verteilen sich in einem hübschen Garten mit Pool. Das Lawrence Hill hat viele Stammgäste, vor allem aus deutschsprachigen Ländern.
47, Waulagoda, Hikkaduwa • Tel. 091-2 27 75 44 • www.ayurveda kurlaub.de • 14 Zimmer • €€€

Straße der Ayurveda-Händler
        ► Klappe hinten, c 1
Vor dem Abflug ist noch ein Tag in Colombo eingeplant? Dann auf ins quirlige Pettah-Viertel und zur Gabo Lane durchfragen, der Straße der Ayurveda-Händler. Ein wunderbares (Geruchs-)Chaos erwartet die Besucher.

Gigantische Palmettopalmen säumen
den Weg im weltberühmten Botanischen
Garten von Peradeniya (▶ S. 72) im
Hochland bei Kandy.

Unterwegs
in Sri Lanka

Die Strände suchen ihresgleichen, dazu locken
Tempel, Tee und Tropenklima. Das Land bietet viel-
fältige Möglichkeiten für einen großartigen Urlaub.

Colombo und die Westküste

Eine gemütliche Hauptstadt mit der Sinnlichkeit Asiens, reichlich Kolonialflair und großem Hunger auf Zukunft. Die Strände in der Umgebung Colombos sind traumhaft.

◄ Die 1905 erbaute Devatagaha-
Moschee (▶ S. 37) leuchtet in strah-
lendem Weiß.

Colombo   ▶ S. 146, B 16

Stadtplan ▶ Klappe hinten
650 000 Einwohner

Moderne Bürotürme stehen neben
architektonischen Zeugen der Kolonialzeit, und im alten Händlerviertel
Pettah kann man mit allen Sinnen in
den Orient eintauchen.

Bis heute sind die Bewohner des
Basarviertels hauptsächlich Muslime – Nachfahren muslimischer
Händler, von denen man animmt,
dass sie zwischen dem 8. und 10. Jh.
erstmals den Hafen Colombos an-
liefen. Im frühen 16. Jh. erreichten
die Portugiesen als erste Europäer
Sri Lankas Küste, bauten zur Si-
cherung des Hafens ein Fort und
kontrollierten von hier aus den
einträglichen Gewürzhandel. Sie
tauften die Stadt Kolamba (singh.
Hafen), woraus die Briten später
Colombo machten. 1656 eroberten
die Niederländer das Fort und traten
als Gewürzhändler das Erbe der
Südeuropäer an.

120 Jahre später folgten die Briten,
die Colombo zum wichtigsten
Hafen der Insel ausbauten und Sri
Lanka 1802 zur Kronkolonie mit
der Hauptstadt Colombo machten.
Nach der Unabhängigkeit des Landes 1948 blieb Colombo Hauptstadt
– allerdings liegt der Regierungssitz
seit 1982 in Sri Jayawardenepura im
Südosten Colombos.

Colombo mit seinen knapp 650 000
Einwohnern ist keine schillernde
Metropole, aber ein oder zwei Tage
sollte man mindestens einplanen,
um die spannendsten Facetten der
Stadt kennenzulernen.

Jaffna-Halbinsel
und die Ostküste

Kulturdreieck/
Königsstädte

Colombo und
die Westküste

Kandy und
das Hochland

Galle und
die Südküste

SEHENSWERTES
Cinnamon Gardens
▶ Klappe hinten, 5/6 d/e

In den »Zimtgärten« gibt es schon
lange keine Zimtplantagen mehr
– aber der alte Kolonialname
schmückt das vornehme Viertel
im Herzen der Stadt noch heute.
Stattliche Regenbäume säumen die
breiten Straßen mit ihren weißen
Villen, in denen einst wohlhaben-
de Gewürzhändler und Teebarone
residierten. Heute sind hier viele
Botschaften eingezogen. Rund um
die schönste Grünanlage der Stadt,
den **Viharamahadevi-Park**, liegen
mehrere Kolonialperlen wie das
Nationalmuseum oder das Rat-
haus, ein weißer Kuppelbau, der
dem Capitol in Washington nach-
empfunden wurde. Ein weiteres
Schmuckstück im Zuckerbäckerstil
ist die **Devatagaha-Moschee**.

Südöstlich des Parks liegt die **In-
dependence Memorial Hall**, ein
Geschenk Großbritanniens an die
ehemalige Kolonie. Hier versam-
melte sich das erste Parlament des
unabhängigen Ceylon (Sri Lanka
heißt das Land erst seit 1972). Sti-
listisch knüpft der Bau – eine offene
Säulenhalle – an die traditionelle
Architektur des Landes an.

MERIAN-Tipp **1**

BASARVIERTEL PETTAH
▸ Klappe hinten, c 1/2

Männer ziehen schwer beladene Karren durch schmale Straßen und balancieren Körbe auf ihren Köpfen. Vor den Tea Shops stehen Arbeiter und Geschäftsleute für Roti und Milchtee Schlange, während Hausfrauen an Gewürzsäcken schnuppern. In den Konfektionsgeschäften stapeln sich Batik-Sarongs und Seiden-Saris, in der Seastreet blitzt und blinkt es aus den zahllosen Goldgeschäften, und Ayurveda-Spezialisten begutachten in der Gabo Lane die Auslagen der Naturmedizinhändler.

Laut und schmutzig, farbenfroh, multikulturell und multireligiös ist das Pettah-Viertel – die letzte Nische des alten Asien in Colombo, wo sich die Gerüche von Currymischungen, Räucherstäbchen und Abfall zu einer exotischen Melange vereinen. Statt buddhistischen Dagobas reihen sich hier Moscheen und Hindu-Tempel aneinander, denn wie eh und je liegt der Handel hier in den Händen der arabischstämmigen Moors und hinduistischen Tamilen. Einen Blick wert sind die rot-weiß gestreifte, 1908 erbaute Jami-ul-alfar-Moschee in der 2nd Cross Street und zwei dem Kriegsgott Skanda geweihte Hindu-Tempel – Old/New Kathiresan Temple – in der Seastreet. Über die holländische Kolonialzeit informiert das Dutch Period Museum (Di–Sa 9–17 Uhr) in der Prince Street.

Fort-District ▸ Klappe hinten, a 2

Zwei Kanonen am Nordende des Galle Face Green erinnern an das eigentliche Fort, die alte Festung, die längst abgetragen wurde. Heute bezeichnet der Name Fort das Stadtviertel, das von den Briten ausgebaut wurde und zum Geschäftszentrum Colombos geworden ist. Hier mischen sich Kolonialbauten, z.B. der 1857 erbaute **Clock Tower** an der Chatham Street, der als Leuchtturm erbaut wurde, mit den Wolkenkratzern der modernen Stadt wie der **Bank of Ceylon** und den Doppeltürmen des **World Trade Centers**. Um die Ecke vom Uhrturm liegt, in einem Garten versteckt und weiträumig abgesperrt, das **President's House** – früher die Stadtresidenz des britischen Gouverneurs, heute die offizielle Residenz des Ministerpräsidenten. An der York Street kann man Cargill's und Miller's, den ältesten Warenhäusern der Stadt aus der Mitte des 19. Jh., einen Besuch abstatten, von dem vor allem Nostalgiker begeistert sein werden. Das junge Colombo indes shoppt in den schicken Malls und trendigen Shops von Cinnamon Gardens und Kollupitiya.

Der **Hafen** ist aus Sicherheitsgründen für Besucher gesperrt. Aus dem Restaurant des kolonialen **Grand Oriental Hotel** (▸ S. 41) kann man jedoch einen Blick erhaschen.

Galle Face Green
▸ Klappe hinten, b 2

Hier genießen die Großstädter das Wochenende. Das Galle Face Green ist nicht die schönste, aber die belebteste Grünfläche der Stadt – vor allem am Wochenende. Zwischen Garküchen, in denen eifrig ge-

Geschäfte einst und jetzt: Die 1996 eingeweihten Doppeltürme des World Trade Center (▶ S. 38) und der 1844 errichtete Stammsitz der Supermarktkette Cargills.

brutzelt wird, Luftballonverkäufern, verstohlen unter Regenschirmen flirtenden Liebespaaren und Kricket spielenden Kindern flaniert halb Colombo. Am Südende des Parks liegt das **Galle Face Hotel** (▶ MERI-AN-Tipp, S. 40), wo sich Colombos Upper Class zum Sundowner auf der Terrasse versammelt.

Gangaramaya-Tempel
▶ Klappe hinten, e 4

Im wichtigsten buddhistischen Kloster der Stadt, 1885 gegründet, findet man neben Dagoba und Bodhi-Baum eine stattliche Sammlung von Buddha-Figuren, eine Reliquienkammer und ein kurioses Museum, in dem auch mehrere Oldtimer ausgestellt sind. Außerdem lebt hier ein Tempelelefant, und während des Februar-Vollmonds ist das Kloster Mittelpunkt einer prunkvollen Elefantenprozession.

Angegliedert ist die Meditationshalle **Seema Malaka**, die nicht nur wunderschön am Beira Lake liegt, sondern auch architektonisch gefällt. Kein Wunder – der berühmteste srilankische Architekt, Geoffrey Bawa, lieferte die Entwürfe. Die offene hölzerne Halle nimmt die traditionelle Architektur des Landes auf und ist umgeben von zahlreichen Buddha-Statuen aus anderen buddhistischen Ländern Asiens.

MUSEEN
Nationalmuseum
▶ Klappe hinten, e 6

Im viktorianischen Prachtbau kann man eine hochkarätige Sammlung von Kulturschätzen aus den alten Königsstädten von **Anuradhapura** 7 und **Polonnaruwa** 9 bis Kandy bewundern. Zahllose Buddhastatuen, Reliefs, Schmuck, Waffen und Palmblattmanuskripte zeugen von einer großen Vergangenheit. Zu den Meisterwerken gehören Thron und Krone des letzten Königs von Kandy. Sir Marcus Fernando Mawatha • tgl. außer Fr und Fei 9–17 Uhr • Eintritt 500 Rs.

ÜBERNACHTEN

Cinnamon Grand Colombo
▸ Klappe hinten, b 4

Gehobene Hotellerie • Schicke Adresse im Herzen der Stadt mit eleganter Lobby, großzügigen Zimmern, schönem Poolbereich, hervorragendem Spa und einer großartigen Restaurantauswahl. Fans von Fisch und Meeresfrüchten geraten im The Lagoon ins Schwärmen, gehobene südindische Küche wird im Chutneys serviert, authentisch italienische Küche im Echo, und einen stilechten High Tea genießt man in der Tea Lounge.
77, Galle Rd. • Tel. 0 11-2 43 74 37 • www.cinnamonhotels.com • 501 Zimmer und Suiten • €€€€

MERIAN-Tipp ★ 2

GALLE FACE HOTEL
▸ Klappe hinten, 5/6 d/e

Seinen 150. Geburtstag feiert das Galle Face, einst die feinste Adresse östlich von Suez, 2014 – und die große alte Dame unter den Hotels der Hauptstadt ist elegant wie eh und je. Kann es auch nicht den Komfort eines modernen Luxushotels bieten, in puncto Charme und Geschichte ist das Galle Face ohne Konkurrenz. Schauspielergrößen und Politiker aus aller Welt schrieben sich ins Gästebuch ein. Ein Muss auch für Nicht-Hotelgäste ist ein Sundowner auf der Terrasse, wenn die Sonne glutrot im Indischen Ozean versinkt. Wer zum Essen bleiben mag, findet dazu im Verandah oder im Fischrestaurant Sea Spray (besonders empfehlenswert: das Seafood-Buffet Di und Sa) Gelegenheit, die beide durch ihr schönes Ambiente punkten.
Colombo, 2, Galle Road • Tel. 011-2 54 10 10 • www.gallefacehotel.com • 37 Zimmer • €€€

Tintagel
▸ Klappe hinten, f 5

Klein und sehr fein • In der eleganten, 1930 erbauten Villa wurde srilankische Geschichte geschrieben: Auf der Veranda fiel Premierminister Solomon Bandaranaike 1959 einem Attentat zum Opfer. Seine Witwe Sirimavo wurde die erste weibliche Premierministerin der Welt und bewohnte das exklusive Anwesen bis zu ihrem Tod. Nach der Umwandlung in ein stylishes Boutique-Hotel genießen Gäste höchsten Komfort in sehr privatem Ambiente.
65, Rosmead Place • Tel. 0 11-4 60 21 21 • www.tintagelcolombo.com • 10 Zimmer • €€€€

Mount Lavinia Hotel
▸ S. 146, B 16

Stadtnahes Strandhotel • Weitab vom Großstadttrubel und gleichzeitig direkt am Strand liegt Colombos zweite Kolonialperle. Schlicht, aber stilvoller als die Zimmer im neuen Trakt sind die Colonial Rooms im alten Teil. Ein Traum ist die Restaurantterrasse mit Blick über die Küste hinüber nach Colombo (besonders zum Sonnenuntergang). Serviert wird vorzügliche sri-lankische Küche, mittags Lunch Buffet.

Mount Lavinia, 100, Hotel Rd. • Tel. 0 11-2 71 17 11 • www.mountlavinia hotel.com • 210 Zimmer • €€€ 15 km südl. von Colombo

Colombo City Hotel

▸ Klappe hinten, b 2

Dachterrasse mit Ausblick • Bezahlbares Mittelklassehotel, zentral im Stadtteil Fort gelegen. Große, geschmackvoll eingerichtete Zimmer und schöne Dachterrasse.
33, Canal Row • Tel. 0 11-5 34 19 62/63 • www.colombocityhotel.com • 33 Zimmer • €€

Grand Oriental Hotel

▸ Klappe hinten, b 1

Geschichtsträchtig • Das älteste Hotel der Stadt ist immer noch eine gute Wahl – zentral gelegen und bezahlbar. Schade, dass viel Kolonialcharme wegsaniert wurde. Genial ist der Blick vom Restaurant auf den Hafen.
2, York St. • Tel. 0 11-2 32 03 20 • www.grandoriental.com • 80 Zimmer • €€

ESSEN & TRINKEN

Gallery Café

▸ Klappe hinten, südl. c 6

Trendlocation • Hier schlemmt Colombos schicke junge Szene in stylishem Ambiente Ost-West-Crossover-Küche. Das Repertoire reicht von Zitronengras-Ingwer-Hähnchen bis Kürbis-Gnocchi. Legendär sind die Cocktails (Strawberry Margharita oder Tamarind Chili Martini probieren!) sowie die Desserts.
2, Alfred House Rd. • Tel. 0 11-2 58 21 62 • €€€

The Bayleaf ▸ Klappe hinten, f 6

Schicker Italiener • In einer prächtigen Kolonialvilla wird beste italienische Küche serviert. Besonders

Das elegante Galle Face Hotel (▸ MERIAN-Tipp, S. 40) verströmt nostalgischen Charme. Es verfügt über neun Restaurants und vier Bars.

Im Barefoot Store (▶ S. 42) in Colombo erhält man schöne handgearbeitete Mitbringsel aus einheimischer Produktion.

beliebt sind die Plätze im Garten unter dem Sternenhimmel.
79, Gregory's Rd. • Tel. 011-2 69 59 20 • www. bayleafcolombo.com • €€€

Cricket Club Café

▶ Klappe hinten, südl. c 6

Entspannte Atmosphäre • Ob Lunch, Dinner oder Cocktail – nicht nur Kricketfans fühlen sich in dem netten Gartenlokal bei westlicher Küche wohl. Bei den Live-Übertragungen der wichtigsten Kricketmatches kann man nebenbei ein bisschen Volksseele schnuppern.
34, Queens Rd. • Tel. 0 11-2 50 13 84 • www.thecricketclubcafeceylon.com • €€

Beach Wadiya

▶ Klappe hinten, südl. c 6

Seafood am Meer • Mit den Füßen im Sand kann man hier in Fisch und Seafood schwelgen. Gegrillte Riesengarnelen, Chili-Tintenfisch, Seerfisch vom Grill oder Hummer – alles frisch aus dem Meer.
2, Station Avenue • Tel. 0 11-2 58 85 68 • €€

EINKAUFEN
Barefoot 👥

▶ Klappe hinten, südl. c 6

Die sri-lankische Designerin Barbara Sansoni schwelgt in Farben und Stoffen, dabei sind ihre Muster alles andere als folkloristisch. Geschenkartikel in Form von Schals, Kissenhüllen, Taschen und Stofftieren für Kinder in einem Ambiente, in dem das Einkaufen einfach Spaß macht. Eine Buchhandlung, ein Tagescafé und eine Kunstgalerie sind angeschlossen, sodass man hier schnell mehr Zeit verbringt als geplant.
706, Galle Rd. • www.barefoot ceylon.com

House of Fashion
▶ Klappe hinten, südl. d 6

Gute Adresse für Schnäppchenjäger. Keine großen Marken, aber modische Ware von Zara & Co. zu echten Schleuderpreisen.
De Mel Mawatha/Visak Rd.

Odel Unlimited
▶ Klappe hinten, e 5

Ein Einkaufszentrum mit zahlreichen kleinen Geschäften: Mode, Schmuck, Lederwaren, Bücher, Tee, Naturkosmetik und Freizeitartikel gehören zum Angebot.
5, Alexandra Place • www.odel.lk

Paradise Road ▶ Klappe hinten, e 5
Eine Fundgrube für Wohnaccessoires aller Art, aber auch kulinarische Mitbringsel wie Konfitüren und Chutneys aus Tropenfrüchten. Angegliedert ist ein kleines Café mit leckeren Kuchen. Unbedingt probieren: Passionfruit Meringue Pie.
213, Dharmapala Mawatha • www. paradiseroad.lk • tgl. 10–19 Uhr

SERVICE
SRI LANKA TOURIST BOARD
▶ Klappe hinten, südl. c 6

80, Galle Rd. • Tel. 0 11-2 43 70 59 • www.srilanka.travel • Mo–Fr 9–12.30 und 14–17 Uhr

Beruwela/Bentota
16 000 Einwohner   ▶ S. 150, B 22

Arabische Händler brachten die Lehre Allahs nach Beruwela und gründeten Barberyn, die älteste muslimische Siedlung der Insel. Die mehr als 700 Jahre alte Moschee ist Jahr für Jahr gegen Ende des Fastenmonats Ramadan das Ziel vieler Pilger. Noch heute sind die Bewohner Beruwelas mehrheitlich Muslime.

MERIAN-Tipp

BARBERYN REEF RESORT

Das Barberyn Reef bot bereits 1984 authentische Kuren an und wurde so zum Vorreiter des Ayurveda-Tourismus auf Sri Lanka. Von der langjährigen Erfahrung der Therapeuten und Ärzte dieses Ayurveda-Zentrums können die Gäste enorm profitieren. Vom sri-lankischen Tourismusministerium wurden das Barberyn Reef am Strand von Beruwela und das Schwesterhotel Barberyn Beach in Weligama mehrfach als beste Ayurveda-Anbieter des Landes ausgezeichnet. 70 Prozent der ayurvedischen Medizin wird vor Ort produziert, stets abgestimmt auf die individuellen Bedürfnisse der Gäste. Um die Qualität der verwendeten Rohstoffe sicherzustellen, baut Barberyn die meisten Heilpflanzen sogar selbst an. Akupunktur, Yoga und Meditation ergänzen das klassische Angebot. Im Zimmerpreis enthalten sind Vollpension, Flughafentransfers und Ausflugsprogramm. Der Preis für die Kur beinhaltet ärztliche Untersuchungen, Anwendungen, Medikamente, Yoga, Meditation und vieles mehr. Im Sommer erhebliche Preisnachlässe.
www.barberynresorts.com
Beruwela (Barberyn Reef)
▶ S. 150, B 22
Tel. 0 34-2 27 60 36 • 75 Zimmer • €€€
Weligama (Barberyn Beach)
▶ S. 152, E 24
Tel. 0 41-2 25 29 94 • 70 Zimmer • €€€

Längst ist Beruwela mit dem Nachbarort Bentota zusammengewachsen, und die schönen Strände sind kein Geheimtipp mehr. Vor allem Bentota ist dennoch kein rummeliger Urlaubsort, denn die meisten Hotels liegen abseits der Hauptverkehrsstraße, einige abgeschieden auf einem Landstreifen zwischen dem Meer und dem von Mangroven gesäumten Bentota River.

Ein Naturerlebnis sind Ausflüge mit Auslegerbooten in die Flusslandschaft mit ihren Mangrovensümpfen, in denen sich Wasservögel, Fische, Krokodile und Warane tummeln. Auch Kokosplantagen und Gewürzgärten im Hinterland werden auf den von allen Hotels organisierten Ausflügen oft angesteuert.

SEHENSWERTES
Brief Garden

Der Landschaftsarchitekt und Bildhauer Bevis Bawa, ein Bruder des Architekten Geoffrey Bawa, lebte hier ab den späten 1920er-Jahren. Sein verwunschener Garten mit exotischen Pflanzen, Skulpturen und Wasserspielen ist unbedingt einen Besuch wert. Zu besichtigen ist auch das Haus mit Antiquitäten und Fotos.
Kalawala • tgl. 8–17 Uhr • Eintritt 1000 Rs.
Ca. 7 km südwestl. von Beruwala

Kalutara

An der Mündung des Kalu Ganga liegt der **Gangatilaka Vihara** mit einer imposanten **Dagoba**, die die meisten Fahrer ansteuern, um eine Münze in einen Straßenschrein zu werfen. Das kleine Opfer soll für eine unfallfreie Weiterfahrt sorgen. Es lohnt sich aber auch, die Dagoba aus der Nähe zu betrachten, denn als einzige im Land ist sie auch begehbar. Innen erzählen kunterbunte Bilder im Comic-Stil Episoden aus dem Leben Gautama Buddhas und der Geschichte seiner Lehre.
Ca. 10 km nördl. von Beruwala

ÜBERNACHTEN
Heritance Maha Gedara

Ayurveda im Luxusambiente • 1a-Strandlage, elegante Zimmer und ein schöner Pool unter Frangipanibäumen. Auf den ersten Blick ist das Heritance Maha Gedara ein normales Strandhotel, auf den zweiten Blick ein ausgezeichnetes Ayurveda-Resort mit bestens ausgestattetem Therapiezentrum, hervorragender vegetarischer Küche und paradiesischer Ruhe. Der Minimum-Aufenthalt für Ayurveda-Gäste beträgt sechs Nächte.
Beruwala • Tel. 0 91-5 55 50 00 • www.heritancehotels.com • 64 Zimmer • €€€€

Lanka Princess

▶ Im Fokus, S. 33

The Villa Bentota

Eine Klasse für sich • In den 1970er-Jahren lebte Geoffrey Bawa, Sri Lankas berühmtester Architekt, in dieser wunderschönen Villa. Er verwandelte das Anwesen in Sri Lankas erstes Boutique-Hotel. 2007 verpasste man den Zimmern und den übrigen Räumlichkeiten ein sehr edles und trendiges Design. Den vollendeten Service genossen auch schon Ex-Beatle Paul McCartney und seine Tochter Stella.
Bentota, 138/18, Galle Rd. • Tel. 0 34-2 27 53 11 • www.villabentota.com • 15 Zimmer • €€€€

Beruwela (▶ S. 43) ist der bekannteste Urlaubsort an der Westküste. Die wunderbaren Strände sind dennoch selten überfüllt.

Club Bentota

All-inclusive-Insel • Der ehemalige Robinson Club liegt grandios auf einer Insel zwischen Meer und Bentota River. Neben der Lage machen die vielfältigen Wassersportangebote und der kilomterlange Strand den Club auch heute noch zu einer attraktiven Adresse. Die Anlage selbst ist allerdings ein wenig in die Jahre gekommen.
Aluthgama, Paradise Island • Tel. 0 34-2 27 51 67 • www.clubbentota.com • 146 Zimmer • €€€

Club Villa

Ein Wohlfühlplatz • Aufdringlichen Luxus sucht man in der kleinen Kolonialvilla, die Geoffrey Bawa zum Hotel ausbaute, vergeblich – hier herrscht feines Understatement. Eine Heimat fern der Heimat möchte man sein. Ein stiller, verschwiegener Platz für die ganz besonderen Verwöhnmomente im Leben ist die Club Villa ganz gewiss.
Bentota, 138/15, Galle Rd. • Tel. 0 34-2 27 53 12 • www.club-villa.com • 17 Zimmer • €€€

Beschauliche Kanäle aus der Zeit der niederländischen Ostindien-Kompanie durchziehen die Altstadt von Negombo (▶ S. 48).

Ayubowan

Garten mit Lotosteich • Nicht direkt am Strand, dafür entschädigen anständige Zimmer, der perfekt gepflegte Garten sowie sehr faire Preise. Das Haus steht unter Schweizer Management.
Bentota, 171, Galle Rd. • Tel. 0 34-2 27 59 13 • www.ayubowan.ch • 6 Zimmer • €€

Wunderbar 👫

Der Name ist Programm • Große freundliche Zimmer, ein Garten mit Pool und Liegestühlen und der Strand nur 50 m entfernt. Das alles zum familienfreundlichen Preis.
Bentota • Tel. 0 34-2 27 59 08 • www. hotel-wunderbar.com • 14 Zimmer • €€

German Lanka

Mit Badestelle am Fluss • Wer auf den Strand verzichten kann – im Garten dieses kleinen Guesthouses kann man zum Baden direkt in den Bentota River springen. Einfache, aber tadellose Zimmer und ein ruhiger kleiner Garten.
5, River Rd. • Tel. 0 34-2 27 53 33 • 5 Zimmer • €

Ziel in der Umgebung

◎ **Hikkaduwa**   ▶ S. 150, C 23
In den 1970er-Jahren machte das einstige Fischerdorf Karriere als Badeort und Hippieparadies. Längst hat man sich dem Massentourismus verschrieben, aber immer noch ist Hikkaduwa, zumindest im südlichen Teil, ein bisschen flippiger als die Nachbarorte.
Entlang der Straße drängen sich billige Souvenirshops mit Batiksarongs, Roti-Shops mit Fast Food à la Sri Lanka und Cafés. Die Strände sind immer noch wunderschön. Im nördlichen Bereich sind sie gesäumt

von Pauschalhotels, weiter südlich liegen die günstigen Guesthouses für Individualreisende und lauschige Strandbars.

Hauptsehenswürdigkeit des Ortes war stets das Korallenriff, doch wurde es durch die Glasbodenboote stark beschädigt. Zum Schutz der Korallen richtete man, leider viel zu spät, ein Schutzgebiet ein. Das Schnorcheln lohnt wegen der bunten Rifffische immer noch. Im südlichen Strandabschnitt bietet sich ein ganz anderes Bild: Hier tanzen die Surfer auf den Wellen.

50 km südl. von Bentota

MUSEEN

Maskenmuseum Ariyapala & Sons

Ambalangoda ist ein Zentrum der Maskenschnitzerei. Im Museum der Familie Ariyapala erfährt man Interessantes über die Geschichte des Maskentanzes. Nebenan in der Werkstatt kann man den Handwerkern bei der Arbeit zuschauen, und der angegliederte Laden hält einige schöne Souvenirs bereit.

Ambalangoda, 426, Main St. • tgl. 8.30–17.30 Uhr • Eintritt frei
Ca. 10 km nördl. von Hikkaduwa

Tsunami-Photo-Museum

Am 26. Dezember 2004 verwüstete eine Riesenwelle Sri-Lankas Ost- und Südküste und zog mehr als 30 000 Menschen in den Tod. Auch die Familie der Besitzerin dieses kleinen privaten Museums war betroffen. Fotos, Zeitungsartikel und Kinderzeichnungen dokumentieren die Katastrophe.

Telwatta, Galle Rd. • tgl. 9–18 Uhr • Eintritt auf Spendenbasis
4 km nördl. von Hikkaduwa

ÜBERNACHTEN

Chaaya Tranz

Schick und farbenfroh • Das Traditionshotel präsentiert sich nach einem Facelift in neuem Glanz – bunt und sympathisch. Riesige Balkone mit Meerblick ergänzen die großzügigen Zimmer. Zum vielfältigen Angebot gehören ein großer Garten mit Pool, ein Dachterrassen-Spa, ein Tauchshop und andere Annehmlichkeiten.

Galle Rd. • Tel. 0 91-2 27 70 23 • www.chaayahotels.com • 150 Zimmer • €€€€

Lawrence Hill Paradise

▸ Im Fokus, S. 33

Beach House 🍴

Mit Meerblick • Riesige, geschmackvoll eingerichtete Terrassenzimmer, ein schöner Pool und das Meer mit dem bis heute sehr ruhigen Strand von Dodanduwa vor der Haustür … was will man mehr? Familien können das gesamte Haus buchen.

Dodanduwa, 398, Galle Rd. • Tel. 0 91-5 62 25 62 • www.srilanka beachhouse.de • 2 Zimmer • €€

House of Lotus

Yoga-Hotel • Ein friedlich meditierender Buddha wacht über dieses freundliche kleine Hotel, das in einem alten Kolonialbungalow untergebracht ist. Ein echtes Retreat zum Entspannen und Regenerieren mit herrlichem Tropengarten, kleinem Pool, Ayurveda-Spa und täglichen Yoga-Sessions. Geschmackvolle Ayurveda-Küche. Liebevoll gemanagt von einem Schweizer Ehepaar.

Dodanduwa, 175, Galle Rd. • Tel. 0 91-2 26 72 46 • www.house-of-lotus.com • 7 Zimmer • €€

Kallabongo

An der Lagune • Ein junges holländisches Paar managt dieses bildhübsche kleine Hotel mit herrlichem Blick auf die Lagune. Ein wunderbarer Platz, um für ein paar Tage einfach nur zu relaxen. Sehr geschmackvoll möblierte Zimmer. Pool und Wakeboard-Angebote.
22/8K Field View, Baddegama Rd. • Tel. 0 91-4 38 32 34 • www.kalla bongo.com • 15 Zimmer • €€

Nature Resort

▸ grüner reisen, S. 20

▸ grüner reisen, S. 20

ESSEN UND TRINKEN
Refresh

Seafood am Meer • Seit mehr als 20 Jahren serviert man in herrlicher Lage direkt am Meer Krabben à la Hikkaduwa und andere Meeresfrüchtespezialitäten.
384, Galle Rd. • Tel. 0 91-5 05 81 08 • €€

AM ABEND

In den vielen Bars im südlichen Bereich des Strandes (wie z.B. im Mambo's) herrscht abends ausgelassene Partystimmung bei lauter Musik.

SERVICE
POSEIDON DIVING STATION

Renommierte Tauchschule.
Tel. 0 91-2 27 72 94 • www.diving srilanka.com

Negombo

▸ S. 146, B 15

146 000 Einwohner

Weiße Kirchtürme recken sich zahlreich in den Himmel von Negombo. Hier waren die portugiesischen Missionare erfolgreicher als anderswo auf der Insel. Rund 95 Prozent der Bewohner Negombos sind Katholiken, weswegen sich die Stadt stolz als »Rom Sri Lankas« bezeichnet. Interessant ist ein Bummel durch das koloniale Negombo, nördlich des alten holländischen Forts.

Negombo ist seit jeher ein lebhaftes Zentrum der Fischerei, wovon drei Fischmärkte zeugen. In den 1970er-Jahren war der Ort auch ein Pionier im Tourismus, geriet aber gegenüber den Badeorten im Südwesten ins Hintertreffen, da der Strand zwar breit und feinsandig, aber keine palmengesäumte Traumbucht und auch nicht immer bestens gepflegt ist. Heute erfindet sich der Tourismus-Routinier neu und gönnt sich ein Facelift. Neue Hotels werden gebaut, alte runderneuert. Ganz sicher ist Negombo ein idealer Platz, um nach der Ankunft in Sri Lanka ein bis zwei Tage in Flughafennähe zu entspannen und den Flair des Landes in sich aufzunehmen.

Die schönste Zeit am Strand von Negombo ist der späte Nachmittag, wenn die Sonnenanbeter ihre Strandliegen verlassen und einheimische Familien herbeiströmen, um zu flanieren, zu baden, Fußball zu spielen oder zu picknicken. Schließlich mischen sich Einheimische und Gäste, um das alltägliche Spektakel des Sonnenuntergangs zu zelebrieren.

SEHENSWERTES
Fischmarkt

Ein beliebtes Fotomotiv sind die traditionellen Fischerboote, »oruvas«, die morgens mit geblähten Segeln vom nächtlichen Fischzug in die Lagune zurückkehren. Der Fang wird umgehend auf einen der drei Fischmärkte Negombos gekarrt und dort verkauft. Der größte und interessanteste liegt an der Lagunenbrücke. Hier werden riesige Thunfische, Haie, Rochen und Tintenfische verladen, zerteilt, gewogen und verkauft. Die Kühlwagen der Großhändler aus Colombo sind längst vorgefahren.

ÜBERNACHTEN

Jetwing Lagoon

Sport und Spa • Unter dem Namen Blue Lagoon war dies das erste Hotelprojekt des legendären Architekten Geoffrey Bawa und eines der ersten Resorthotels in Sri Lanka überhaupt. 2012 wurde das Hotel von einem Schüler des großen Meisters umgestaltet und präsentiert sich nun als schickes Spa-Hotel zwischen Strand und Lagune. Den riesigen Pool ergänzen diverse Wassersportangebote an der Lagune.
Pamunugama Rd. • Tel. 031-2 27 71 40 • www.jetwinghotels.com • 55 Zimmer • €€€

Ranweli Holiday Village

▶ grüner reisen, S. 19

Icebear Beach Guesthouse

Boutique-Guesthouse • Das kleine Tropenparadies von Gerry Hainsch liegt direkt am Strand. Eine Handvoll individuell eingerichtete Zimmer verteilen sich im schattigen Garten – ein perfekter Platz, um sich nach einem langen Flug wieder zu »erden«. Das Restaurant mit Meerblick bietet ein legendäres Schweizer Frühstück und die Unterkunft viele Extras: WiFi, Mietfahrräder und der Nachmittagstee sind inklusive. Ayurvedische Massagen werden auf Wunsch arrangiert. Gemanagt mit schweizerischem Perfektionismus und einer großen Portion sri-lankischem Charme.
103/2, Lewis Place • www.icebear hotel.com • 8 Zimmer • €€

ESSEN UND TRINKEN

Icebear Century Café

Kolonialambiente • Der neueste Ableger der Icebear-Familie serviert leckere Tagesgerichte, Kuchen und Original-Hochland-Kaffee. Ein idealer Ort für die Einkehr nach dem Stadtbummel.
25, Main St. • Mo–Sa 9–18 Uhr • €€

MERIAN-Tipp

DUTCH CANAL   ▶ S. 146, B 15

120 km lang zieht sich der von den Holländern angelegte Kanal von Colombo bis zur Lagune von Puttalam. Er wurde auch Zimtkanal genannt, denn er diente vor allem dem Transport der Gewürze aus den Plantagen des Nordwestens zum Hafen von Colombo. Heute hat der Kanal keinerlei wirtschaftliche Bedeutung mehr und ist auch nur noch im südlichen Teil schiffbar. Aber er ist ein wunderbarer Platz, um in Gedanken in die Zeit der Gewürzkrämer zurückzureisen und sri-lankisches Dorfleben zu schnuppern. Die schönste Zeit für eine Radtour am Kanal entlang ist der späte Nachmittag, wenn die Fischer ihre Netze flicken, Mütter ihre Babys spazierentragen, Kinder Kricket spielen und die untergehende Sonne Kanal und Kolonialhäuser in ein magisches Licht taucht.

Lord's

Etwas schicker • Internationale, indonesische und Thai-Küche, stilvoll serviert. Leider etwas geräuschvoll an der Hauptstraße.
Negombo-Ethukala, 80 B, Poruthota Rd. • Tel. 0 77-7 23 47 21 • €€

Serendib Pub

Beliebtes Strandlokal • Gute Seafood-Gerichte direkt am Strand unter Palmen. Auch die angeschlossene Bar ist immer gut besucht.
Negombo-Ethukala, 35 A, Poruthota Rd. • Tel. 0 31-4 92 71 52 • www.serendibnegombo.com • €€

MERIAN-Tipp 5

DOLPHIN BEACH ▶ S. 142, A 7

Idyllische Luxus-Cabanas mit großzügigen Veranden verteilen sich unter Palmen. Ob BBQ am herrlichen Strand, Pizza-Pasta-Buffet oder frischer Fisch – das Essen ist köstlich. Ein wunderbares Plätzchen zum Relaxen ist der runde Pavillon (»Dome«), und abends trifft man sich zum Chillen in der Ice Bar. Wer sich an diesem magischen Plätzchen nicht erholt, ist selber schuld. Wenn es doch mal langweilig werden sollte, bucht man eine Delfinbeobachtungstour, einen Ausflug in den Wilpattu-Nationalpark, oder man schippert zum Tauchen und Schnorcheln zum Bar Reef. In den Sommermonaten, wenn der Wind kräftig bläst, ist Kite-Surfing-Saison.
Kalpitiya, Elanthadiya • Tel. 0 32-7 38 80 50 • www.dolphinbeach.lk • 22 Zimmer • €€€

Ziel in der Umgebung

 Kalpitiya (Dutch Bay)

8000 Einwohner   ▶ S. 142, A 7

Kokospalmen und Reisfelder säumen die Straße gen Norden bis zur Lagune von Puttalam, der größten des Landes. Auf der schmalen Halbinsel zwischen Meer und Lagune, die sich rund 40 km bis zum Örtchen Kalpitiya zieht, herrscht Goldgräberstimmung. Fieberhaft wird gebaut, und die Preise für Bauland sind explodiert. Kein Wunder – die bis heute fast menschenleeren Puderzuckerstrände bieten viel touristisches Potenzial.

Die Mangrovenwälder und Inselchen der Lagune kann man mit Fischerbooten erkunden, die vorgelagerten Korallenriffe mit der Taucherbrille. Ein Paradies für Taucher und Schnorchler ist vor allem das (allerdings 2 Bootsstunden von der Küste entfernte) **Bar Reef**, wo sich 156 Korallenarten und 283 Fischarten tummeln. Delfin- und Walbeobachtungstouren boomen im Winterhalbjahr. Dafür kommen im Sommer, wenn der Wind kräftig pustet (und das Schwimmen gefährlich ist), die Kite-Surfer und bescheren der Region eine Doppelsaison.
130 km nördl. von Negombo

ÜBERNACHTEN

Sethawadiya Dolphin View Eco Lodge

Mit Kite-Surfing-Schule • Zwischen Strand und Lagune liegt die kleine Anlage mit rustikalen Unterkünften in unterschiedlichen Preisklassen. Spezialisiert auf Kite-Surfer. Mietausrüstung und Unterricht.
Kalpitiya • 0 72-2 22 20 72 • www.sethawadiya.com • 10 Zimmer und Cabanas • €€

Erlesene Ziele

Auf den Spuren berühmter Persönlichkeiten

Galle und die Südküste
Hinter der Kolonialschönheit Galle reiht sich eine Traumbucht an die andere. Und in den Nationalparks des Südostens tummelt sich eine faszinierende Tierwelt.

◄ Der einstmals älteste Leuchtturm Asiens (1848) in Galle wurde 1940 durch diesen Neubau (▶ S. 54) ersetzt.

Jede Menge Palmenstrände und dazwischen quirlige Orte, die noch nicht mit Souvenirshops vollgepflastert sind: Sri Lankas Südküste zwischen Galle und Tangalle ist (noch) eine Postkartenidylle. Hinter Hambantota lösen Palmyrapalmen die Kokospalmen ab, Sanddünen die grüne Tropenidylle. In der Trockenzone liegen mit Yala und Bundala zwei der schönsten Nationalparks des Landes. Mit der paradiesischen Ruhe könnte es jedoch bald vorbei sein, denn wirtschaftlich bekam die Region in den letzten Jahren einen Schub, und die für Ende 2012 geplante Eröffnung des internationalen Flughafens bei Hambantota rückt den von Colombo lange vernachlässigten Süden in den Fokus.

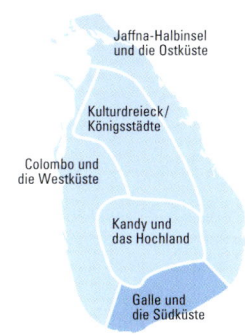

Jaffna-Halbinsel und die Ostküste

Kulturdreieck/ Königsstädte

Colombo und die Westküste

Kandy und das Hochland

Galle und die Südküste

Galle
▶ S. 150, C 24

Stadtplan ▶ S. 55

91 000 Einwohner

Lautes Gehupe, permanenter Verkehrsstau und Händlergewusel – Galle, Sri Lankas »Nummer vier«, ist eine typisch asiatische Großstadt. Wenn man hinter dem Kricketplatz das New Gate durchschreitet, taucht man jedoch augenblicklich in die Welt der Kolonialzeit ein. In der **Altstadt** ✪, Galle-Fort genannt, ist der Lebensrhythmus bis heute sehr entspannt.

Angezogen vom Naturhafen, kamen 1505 die Portugiesen als erste Europäer nach Galle. Ihnen folgten 1640 die Niederländer, die das Gesicht der Stadt wesentlich prägten und mit dem Zimtanbau hinter der Küste begannen.

Der Hafen von Galle wurde Schaltstelle des Handels mit Europa. Die Briten, die 1796 das Erbe der Niederländer antraten, verlagerten ihre Aktivitäten nach Colombo und gaben dem dortigen Hafen den Vorzug. Nach 1815 sank der Stern von Galle, zum Glück für die Nachwelt, zumindest in ästhetischer Hinsicht: Weil das Geld für Investitionen fehlte, blieb ein koloniales Schmuckstück erhalten. Tatsächlich stört kein Neubau das geschlossene Ensemble aus holländischer Zeit, das zum UNESCO-Weltkulturerbe zählt.

Ein Museum ist das Fort jedoch nicht, auch wenn die alten Häuser in den letzten Jahren mehr und mehr zu Spekulationsobjekten wurden. Einheimische und ausländische Investoren eröffneten stylishe Boutique-Hotels, Cafés und Shops im Kolonialambiente.

SPAZIERGANG

Die breiten Wälle rund um die Altstadt hielten 2004 dem Tsunami stand, während die Fluten die Neustadt verwüsteten. Sie sind aber auch ein herrlicher Platz zum Picknicken, Flirten und Fußball spielen und natürlich zum Flanieren und für eine erste Begegnung mit der Stadt.

Vom **New Gate** laufen Sie am Uhrturm vorbei zur **Moon Bastion** und gegen den Uhrzeigersinn mit Blick aufs Meer und auf die Ziegeldächer der Altstadt bis zum **Flag Rock**, der gen Süden am weitesten ins Meer ragt. Ab 1848 stand hier der erste Leuchtturm Asiens, der die Einfahrt in den Hafen erleichtern sollte. Vorgelagerte Felsen und Untiefen brachten manches Schiff zum Kentern; ihre Wracks sind heute ein beliebtes Ziel von Sporttauchern.

Heute ragt neben der Hafeneinfahrt im Südosten des Wallrings der neue, 1940 errichtete **Leuchtturm** auf. Ihm gegenüber zieht ein schneeweißes Gebäude mit zwei Türmen die Aufmerksamkeit auf sich. Von den Europäern einst als Kirche erbaut, machen aufgesetzte Halbmonde klar, dass es längst als **Moschee** genutzt wird. Kein Wunder, denn die Fort-Bewohner sind mehrheitlich muslimische Händler. Auf der Hafenseite des Walls laufen Sie weiter zum Old Gate, das innen noch das Wappen der niederländischen Ostindien-Kompanie ziert. Von hier aus kann man durch die Gassen schlendern. An vielen Häusern blättert noch der Putz, doch seinen morbiden Charme legt Galle-Fort, längst eine schicke Adresse, mehr und mehr ab.

Unbedingt sehenswert ist die **Historical Manison** in der Leyn Baan St., ein klassisches Wohnhaus aus holländischer Zeit mit schattigem Innenhof. Heute unterhält hier ein Sammler eine Mischung aus Trödelladen und Kunstgalerie und bietet Antiquitäten, Schmuck und Kunsthandwerk zum Kauf an.

Die **Groote Kerk** (Große Kirche) in der Church Street, 1754 von der Frau des niederländischen Gouverneurs aus Dankbarkeit für die Geburt eines Sohnes gestiftet, war die erste protestantische Kirche der Insel. Auf dem angrenzenden Friedhof erinnern Grabplatten an Niederländer, die fern der Heimat an Malaria starben. Vorbei an der anglikanischen **All Saints Church** von 1871 schlendern Sie zurück zum New Gate. Oder Sie kehren auf einen Tee im ehemaligen **New Oriental Hotel** (heute Amangalla Resort, ▶ S. 54) ein.

ÜBERNACHTEN

Amangalla Resort ▶ S. 55, b 2

Traumhotel mit Charme • Das traditionsreiche New Oriental Hotel, 1684 als Wohnhaus erbaut und seit 1865 Hotel, wurde von der Aman-Hotelkette 2005 in ein Exklusiv-Resort verwandelt. Dies geschah glücklicherweise sehr behutsam, ohne den wunderbaren Charme des historischen Hauses zu zerstören. Der Bau besticht durch puren Luxus an allen Ecken, der aber nie aufdringlich wirkt, sondern sehr dezent zur Geltung kommt. Geschmackvoll eingerichtete Zimmer, ein edler Spa-Bereich und ein großer Pool im Garten lassen keine Wünsche offen. Natürlich ist auch der Service vollendet. Wer sich die Pracht nicht leisten kann oder mag, kommt zum Speisen ins Restaurant The Dining Room, wo man feine Küche in edlem Ambiente serviert – mit Tafelsilber auf feinem Leintuch, versteht sich. Oder man träumt sich beim Afternoon Tea auf der Veranda in längst vergangene Zeiten zurück.

10, Church St., im Fort • Tel. 0 91-2 23 33 88 • www.amanresorts.com/amangalla/home.aspx • 31 Zimmer und Suiten • €€€€

Lighthouse Hotel

▶ S. 55, nordwestl. a 1

Design-Klassiker • Das Lighthouse ist eines der letzten Meisterwerke des Architekten Geoffrey Bawa. Ein Strandhotel mit großzügigen Zimmern von schlichter Eleganz, die alle Meerblick haben. Mehrere Pools und großzügige Gemeinschaftsein-richtungen sorgen zusätzlich für Wohlfühlambiente. Hinzu kommen ein Edel-Spa und das sehr empfeh-lenswerte Restaurant Cinnamon Room (▶ S. 57).

Dadella • Tel. 0 91-2 22 37 44 • www.jetwinghotels.com • 60 Zimmer • €€€€

Ca. 3 km westl. von Galle

© MERIAN-Kartographie

Das Amangalla (▸ S. 54) ist Galles erste Adresse und gilt als eines der besten Hotels Asiens. Außen wie innen verströmt das Haus das Flair kolonialer Vergangenheit.

Galle Fort Hotel ▸ S. 55, b 3

Klein, aber sehr fein • Ins Haus eines holländischen Geschäftsmannes aus dem 17. Jh. zog ein traumhaft schönes Boutique-Hotel ein, in dem sich die Gäste auf Anhieb zu Hause fühlen und oft viel länger bleiben als geplant. Die australischen Besitzer heimsten zu Recht zahlreiche hochkarätige Auszeichnungen ein. Es ist tatsächlich alles vom Feinsten: die großzügigen Zimmer mit exklusiven Antiquitäten, der Pool inmitten eines herrlichen Tropengartens und das Restaurant mit leichter, modern interpretierter Asia-Küche.
Die Preise sind natürlich gehoben, aber in Anbetracht dessen, was geboten wird, scheinen sie durchaus angemessen. Nur das Abschiednehmen fällt schwer.
28, Church St. • Tel. 0 91-2 23 28 70 • www.galleforthotel.com • 12 Zimmer • €€€€

Closenberg Hotel ▸ S. 55, östl. c 1

Kolonialschönheit mit Hafenblick • Anders als das New Oriental Hotel wurde das Closenberg, 1860 als Wohnhaus erbaut, nicht luxusrenoviert. So ist das Wohnen hier einigermaßen bezahlbar geblieben. Vier große Originalzimmer und 16 relativ kleine, aber gemütlich renovierte Zimmer mit Balkon und tollem Meerblick.
11, Closenberg Rd. • Tel. 0 91-2 22 43 13 • www.closenburghotel.com • 20 Zimmer • €€€
3 km östl. des Forts

Mama's Galle Fort Guest House
▸ S. 55, c 3

Mit Dachterrasse • Kleines Guesthouse mit wenigen schlichten, aber blitzsauberen Zimmern mitten im Fort. Fantastisch ist das Dachterrassenrestaurant, wo abends opulente Currys und nachmittags leckere

Snacks und Süßigkeiten serviert werden. Der Blick über die Häuser zum Meer ist hinreißend und im günstigen Preis inbegriffen.
76, Leyn Baan St., im Fort • Tel. 0 91-2 22 64 15 • €

ESSEN UND TRINKEN

The Cinnamon Room
▶ S. 55, nordwestl. a 1

Erstes Restaurant der Stadt • Feine Fusion-Küche bei Kerzenlicht oder unter dem Sternenhimmel in stylishem Ambiente.
Im Hotel The Lighthouse (▶ S. 55) • nur abends • €€€€

The Sun House   ▶ S. 55, nördl. c 1

Crossover-Küche vom Feinsten • Die Seele des kleinen Boutique-Hotels The Sun House mit Blick auf den Hafen von Galle ist sein exquisites Restaurant. Ein Sun House Sour auf der Veranda ist ein idealer Magenöffner, bevor es ans Schlemmen geht. Hier vermischen sich die Aromen Sri Lankas, Thailands und des Mittelmeers. Ein Beispiel: Hähnchen-Kokos-Salat mit Minze und Kokos-Limetten-Dressing, gefolgt von Fisch im Bananenblatt und Bananen-Tarte-Tatin mit Kokoseis – einfach göttlich! Für den Besuch am Abend unbedingt reservieren.
18, Upper Dickson Rd., nördl. des Zentrums • Tel. 0 91-2 38 02 75 • www.thesunhouse.com • €€€

Pedlar's Inn Café   ▶ S. 55, b 3

Stylish und angesagt • Seit Jahren ist das Café-Restaurant in der alten britischen Hauptpost eine der schicksten Adressen im Fort District. Von morgens bis 22 Uhr wird zu Loungemusik kreative Ost-West-Küche serviert. Bekannt auch für

guten italienischen (und entsprechend teuren) Kaffee.
92, Pedlar St., im Fort • Tel. 0 91-2 22 53 33 • €€

The Heritage Café   ▶ S. 55, c 3

Multi-Kulti-Küche • Ein sehr nettes Café mit bunter Speisekarte aus aller Herren Ländern. Hier ist für jeden etwas dabei.
53, Light House St., im Fort • Tel. 091-2 24 66 68 • €€

Rampart   ▶ S. 55, a 4

Veranda mit Ausblick • In einem alten Kolonialhaus in der Altstadt liegt das Restaurant mit einer wunderbaren Veranda, die auch an heißen Tagen viel Schatten bietet. Der Blick führt über den Stadtwall aufs Meer hinaus. Besonders der »devilled squid« ist ein Gedicht – himmlisch gut und teuflisch scharf!
31, Rampart St. • Tel. 0 91-4 38 01 03 • €€

EINKAUFEN

Barefoot   ▶ S. 55, b 3

Eine Filiale von Barbara Sansonis Shop in Colombo. Wie in der Hauptstadt findet man hier farbenfrohe Souvenirs aus Baumwollstoffen, vom Sarong bis zur Tischdecke, aber auch Tees und Spa-Produkte. Eingegliedert ist ein gut sortierter Buchladen mit Reisebüchern, Belletristik, Architekturtiteln und mehr.
Church St./Pedlar St., im Fort • Mo–Sa 10–19 Uhr, So und Poya-Tage 11–17 Uhr

KK-The Collection   ▶ S. 55, b 3

Geschirr, Bett- und Tischwäsche und mehr – geschmackvoll ausgewählte Wohnaccessoires.
30, Church St., im Fort

Bazaar ▶ S. 55, b 1

Auf dem quirligen Markt im Pettah-Viertel kann man sich unter die Einheimischen mischen. Neben den üblichen Obst- und Gemüseständen auch einige Stände mit Souvenirs (Feilschen nicht vergessen!).

Main St., Neustadt

Ziele in der Umgebung

◎ **Koggala** 👥👥 ▶ S. 151, D 24

Der Strand von Koggala ist flach abfallend, daher familienfreundlich und bisher nicht verbaut. Attraktiv ist aber auch die Lagune im Hinterland, gesprenkelt mit Inselchen, die man mit Booten erkunden kann. Neben Mangrovenwäldern kann man Kräutergärten besuchen, Vögel beobachten und sich auf einer Zimtplantage zeigen lassen, wie aus der Rinde der Zimtbäume aromatische Zimtstangen gerollt werden

Ca. 15 km südöstl. von Galle

◎ **Matara** ▶ S. 151, E 24

42 800 Einwohner

Die Universitätsstadt an der Südküste Sri Lankas, an der Mündung des Nilwala-Flusses gelegen, war schon während der Kolonialzeit ein wichtiges Zentrum des Gewürzhandels. Heute ist Matara immer noch wichtiges Handelszentrum, aber auch Endpunkt der südlichen Eisenbahnlinie und (vorerst zumindest) der erst 2011 eingeweihten Autobahn.

Von der einstigen Bedeutung der Stadt zeugen noch zwei Forts: Sehenswert ist das kleine, sternenförmige **Star Fort**, das die Holländer Mitte des 18. Jh. errichteten. Das Mini-Museum innerhalb der Mauern ist sporadisch geöffnet. Über eine Brücke, die den Fluss überspannt, erreicht man das größere, sich auf einer Landzunge ausbreitende **Matara-Fort**. Der Festungswall ist nur teilweise erhalten – dahinter

Der sanft geschwungene Bilderbuchstrand von Mirissa (▶ MERIAN-Tipp, S. 59) ist unverbaut. Die Unterkünfte und Restaurants liegen strandnah unter den Palmen.

versteckt sich die Altstadt mit einigen schönen Gebäuden aus kolonialer Zeit, darunter ein Uhrturm und zwei Kirchen.
Ca. 40 km südöstl. von Galle

SEHENSWERTES
Dondra Head

Ein **Leuchtturm** – schlank, weiß und 54 m hoch zwischen Kokospalmen aufragend – markiert seit 1889 die Südspitze der Insel. Der Äquator ist nur 600 km entfernt, und wer von hier aus südwärts segelt, stößt erst in der Antarktis wieder auf Land. Manchmal kann man den Leuchtturm besteigen, von einem kleinen Restaurant aus kann man ihn immer aus der Ferne bewundern. Wo einst ein bedeutendes hinduistisches Heiligtum lag, das die Portugiesen zerstörten, steht heute der himmelblaue und türmchenbekrönte Vishnutempel **Maha Vishnu Devale**, der auch Buddhisten anzieht. Kein Wunder – schließlich gilt der Hindugott Vishnu als Schutzgott des Buddhismus, und für die Hindus ist Buddha eine Inkarnation Vishnus. Nebenan beeindruckt der **Dewi-Nuwara-Buddha**, eine 12 m hohe Kopie des Aukana-Buddha bei Dambulla (▸ S. 92).
5 km südöstl. von Matara

Wewherehena-Tempel

Ein interessantes Beispiel für ein modernes buddhistisches Heiligtum, das 1909 begonnen, aber erst in den 1990er-Jahren vollendet wurde. Ein 40 m hoher Buddha sitzt meditierend auf einem ausgehöhlten Felsen. Dieser ist geschmückt mit rund 20 000 Wandgemälden im Comic-Stil, die Geschichten aus dem Leben Buddhas erzählen und die

MERIAN-Tipp   6

BUCHT VON MIRISSA
▸ S. 151, E 24

Die 1 km lange Sandsichel, über der sich die Kokospalmen biegen, gehört zu den Lieblingsstränden der Individualreisenden. Erstaunlicherweise wurde er erst Ende der 1990er-Jahre entdeckt und lockt noch immer mit sehr entspannter Atmosphäre. Im westlichen Abschnitt lohnt das Schnorcheln, am Ostende der Bucht tanzen die Surfer auf den Wellen.
Westlich vom Strand liegt der erstaunlich große Hafen des kleinen Ortes, wo man morgens den Fischern zuschauen kann, die ihren Fang an Land hieven. Hier starten auch Delfin- und Walbeobachtungstouren
Am Wochenende werden in den Beachbars die Verstärker aufgedreht. Zu Reggaeklängen tanzt man bis in die Morgenstunden.
30 km südöstl. von Galle

Lehre des Erleuchteten in einfachen Bildern illustrieren. Ein Platz, den Familien und Schulklassen zwecks Nachhilfeunterricht in Sachen Religion gern besuchen.
Tgl. 6–20 Uhr • Eintritt auf Spendenbasis
5 km östl. von Matara

ÜBERNACHTEN
Mirissa Hills

Aromatisches Erlebnis • Ceylon-Zimt gilt als beste Sorte des aromatischen Gewürzes und zählt zu den Kostbarkeiten des Landes. Und der Aufenthalt auf einer Zimtplantage

ist zweifellos etwas Besonderes. Elf Zimmer verteilen sich auf drei Gebäude, die auch als Ganzes angemietet werden können. Tolle Blicke über das Land und Küste bieten sich vom Mount Cinnamon aus, auf halber Strecke zum Gipfel gewährt das einzige Zimtmuseum der Welt Einblicke in das Leben auf der Plantage. Man legt Wert auf gute Küche, und wer das Besondere liebt, kann Krebse aus dem Koggala-See vorbestellen. In 15 Minuten erreicht man den Strand von Mirissa.
Henwalle Rd. • Tel. 0 41-2 25 09 80 • www.mirissahills.com • 11 Zimmer • €€€

Palace Mirissa

Für Ruhesuchende • Auf einem Palmenhügel oberhalb des Strandes verstecken sich 13 farbenfrohe Chalets in einem schattigen Garten, in dem sich Vögel, Pfauen und Streifenhörnchen tummeln. Ruhe abseits vom Partyrummel, ein toller Meerblick und ein schöner Pool sind klare Pluspunkte. Nur mit Halbpension buchbar.
Coparamulla • Tel. 0 41-2 25 13 03 • www.palacemirissa.com • 13 Cabanas • €€

Giragala

Garten am Strand • Die teilweise klimatisierten Zimmer sind recht spartanisch eingerichtet, aber im großen Garten direkt am Strand kann man in Hängematten schaukelnd oder im Liegestuhl wunderbar den Tag verdösen. Mit kleinem Spa und ordentlichem Restaurant, das fangfrischen Fisch serviert.
Gegenüber der Insel Giragala • Tel. 0 41-2 25 34 96 • www.giragala.com • 18 Zimmer • €

Palm Villa 👫

Familienfreundlich • Koloniales Ambiente, schlichte, aber angenehme Zimmer (darunter viele Familienzimmer) mit Veranden. Beliebtes kleines Restaurant unter Palmen am Meer. Walbeobachtungstouren werden ebenfalls organisiert.
30/15, Dehiwala Rd. • Tel. 0 41-2 25 00 22 • www.palmvillamirissa.com • 8 Zimmer • €

ESSEN UND TRINKEN

Rest House

Seit Jahren beliebt • 1780 erbaut und nach dem Tsunami 2004 umfassend renoviert. Heute kann man sich hier im Kolonialambiente leckere Mittelmeerküche schmecken lassen.
Fort • Tel. 0 41-2 22 22 99 • €€

SERVICE

Mirissa Water Sports

Sportfischen oder Kajak fahren sind auch im Angebot – vor allem aber werden Wal- und Delfinbeobachtungstouren (9000 Rs.) organisiert.
Mirissa Harbour • Tel. 0 77-3 59 77 31 • www.mirissawatersports.com

◎ Unawatuna 👫   ▸ S. 151, D 24

Nach der Entdeckung des einstigen Hippieparadieses Hikkaduwa durch Pauschalreisende in den 1990er-Jahren wurde die sichelförmige Palmenbucht von Unawatuna zum neuen Lieblingsziel der Rucksacktouristen. Wegen des flach abfallenden Strandes folgten bald Familien mit kleinen Kindern. Nach und nach wurden die kleinen Guesthouses durch Hotels ergänzt, und auf den Spuren der Individualreisenden kamen auch die ersten Pauschalurlauber nach Unawatuna.

Der Tsunami spülte viele der strandnahen Unterkünfte weg, doch schon bald standen die Hotels, Bars und Restaurants wieder dicht an dicht. Beachboys und Schlepper flanieren jetzt mit den Bikinischönheiten am Strand, und nachts dröhnt Partymusik aus den Beachbars. Ein verträumtes Plätzchen ist Unawatuna beileibe nicht mehr, und der Strand wurde Opfer der Erosion. Doch nach wie vor kann man hier wunderbar surfen, tauchen und schnorcheln und abends mit den Füßen im Sand fangfrischen Grillfisch schlemmen.

Anders als an vielen anderen Stränden Sri Lankas kann man hier gefahrlos ganzjährig baden, da sich hohe Wellen am vorgelagerten Riff brechen.

Viele der schönsten Unterkünfte liegen mittlerweile abseits vom Strand, versteckt in schönen Tropengärten, und ziehen ein spirituell interessiertes Publikum an. Der Hingucker am westlichen Ende des Strandes ist eine weiße Dagoba, die auf einem Hügel thront.

Ca. 5 km südöstl. von Galle

ÜBERNACHTEN

Flower Garden

Ein bunter Blumengarten • Gepflegte Cabanas in einem herrlichen Tropengarten mit großem Pool. Im viel gerühmten und gut besuchten Restaurant kommt auf den Tisch, wonach sich mancher nach mehreren Tagen oder Wochen Rice & Curry sehnen könnte – z. B. saftige Steaks.

14, Welladewala Rd. • Tel. 0 91-2 22 52 86 • www.hotelflowergarden srilanka.com • 25 Zimmer • €€

Secret Garden Villa

Yoga in Strandnähe • Sehr individuell gestaltete Zimmer inmitten

In Unawatuna (▶ S. 60) reihen sich nach dem Tsunami die Unterkünfte, Bars und Restaurants wieder direkt am Strand, als sei nichts gewesen.

eines verwunschenen Gartens, durch den sich ein Bach schlängelt. Yoga, Meditation und Massagen gehören zum Konzept der Besitzerin, die aus der Schweiz stammt.

Beach Access Rd. • Tel. 0 91-2 24 18 57 • www.secretgardenunawatuna. com • 6 Zimmer • €€

Thambapanni Retreat

Oase der Ruhe • Ein Boutique-Hotel mit angenehmen Zimmern, kleinem Pool, Ayurveda-Spa, Yoga und Meditation. Der Strand liegt nur ein paar Minuten entfernt. Das Schwesterhotel Thaproban Beach (gleiche Kontaktdaten, €€–€€€) ist eine ebenso empfehlenswerte Adresse direkt am Strand, allerdings geht es dort wesentlich lauter und rummeliger zu.

Unawatuna Beach • Tel. 0 91-4 38 17 22 • www.thambapannileisure. com • 15 Zimmer • €€

ESSEN & TRINKEN
South Ceylon Restaurant

Vegetarisches Slowfood • Im ersten vegetarischen Restaurant Unawatunas zaubern Philip und Ransi schon seit 1983 fleischlose Küche aus unterschiedlichen Kulturkreisen auf den Tisch – alles vom Feinsten und mit viel Liebe zubereitet. Etwas Geduld muss man allerdings mitbringen, denn serviert wird echtes Slowfood –, aus regionalen Zutaten frisch gekocht.

Neu sind die angegliederten komfortablen Gästezimmer mit ausgezeichnetem Preis-Leistungs-Verhältnis und ebenso nettem Service wie im Restaurant.

Yaddenhimulla Rd. • Tel. 0 77-6 98 64 92 • www.southceylonrestaurant. com • 9 Zimmer • €

SERVICE
Unawatuna Diving Center 🐠

Geöffnet von Mitte Oktober bis Ende April, wenn die besten Bedingungen zum Tauchen herrschen. Es gibt auch Tauchkurse auf Deutsch, was besonders für Kinder (ab 8 Jahren) interessant sein dürfte. Ein außergewöhnliches Highlight sind mehrere Schiffswracks, die erkundet werden können. Mit Kinderbetreuung.

296, Matara Rd. • Tel. 0 91-2 24 46 93 • www.unawatunadiving. com

Rice & Curry Cooking Class

Wer den Gewürzgeheimnissen in sri-lankischen Currys auf die Spur kommen möchte, kann hier nach Herzenslust schnippeln, rühren, würzen und schlemmen – und natürlich die Rezepte mit nach Hause nehmen. Inklusive Besuch auf dem Markt in Galle. Mindestens einen Tag im Voraus buchen.

Sonja's Health Food Restaurant • 52, Yadehimulla Rd. • Tel. 0 77-9 61 53 10

◎ Weligama ▶ S. 151, E 24
20 000 Einwohner

Zwischen Ahangama und Weligama beginnt das Revier der Stelzenfischer, die bis heute zu den beliebtesten Fotomotiven Sri Lankas zählen. Die Zeiten, als das Geschäft lukrativ war, kleine Fische, die von der Flut angeschwemmt werden, aus wackeliger Position auf windschiefen Holzpfählen hockend zu fangen, sind längst vorbei. Viel einträglicher ist es mittlerweile, Touristen zu angeln, die in Scharen kommen: Kaum sind die Busse vorgefahren und die Besucher zücken

Taprobane, das winzige Eiland unmittelbar vor dem Strand von Weligama (▸ S. 63), ist Sri Lankas exklusivste und kostspieligste Hotelinsel.

ihre Kameras, springen die Gehilfen der Fischer herbei, um das Fotohonorar einzutreiben.

Doch Weligama hat einen zweiten Foto-Spot: Am Ende der rund 4 km langen Sandbuch ragt das Inselchen **Taprobane** aus dem Meer auf. In den 1920er-Jahren baute sich ein französischer Adeliger darauf eine Villa, die im Laufe der Zeit mehrfach den Besitzer wechselte. Auch der amerikanische Schriftsteller Paul Bowels (»Der Himmel über der Wüste«) lebte hier ein paar Jahre. Inzwischen ist das fotogene Inselchen im Besitz einer Hotelkette und kann gegen entsprechendes Kleingeld angemietet werden.

Ca. 30 km südöstl. von Galle

SEHENSWERTES
Kusta Raja

Eine 4 m hohe Monumentalstatue, die Steinmetze vor mindestens 1000

Jahren aus dem Fels schlugen, gibt Rätsel auf. Vermutlich handelt es sich um die Darstellung eines Bodhisattwa (Buddha-Anwärter). Glaubt man der Legende, ist es ein Porträt des Kusta Raja oder Leprakönigs. Er soll, so erzählt die Legende, die schreckliche Krankheit durch eine dreimonatige Kokosnuss-Diät überwunden haben.

Am westl. Ortsausgang

ÜBERNACHTEN
Weligama Bay Resort

Top in Service und Ambiente • Ausgezeichnetes kleines Resort unter tschechischem Management. Die eleganten Zimmer im Ethno-Look verteilen sich im Haupthaus auf zwei Etagen. Wer es noch etwas luxuriöser mag, bucht die 2-Zimmer-Villen im Garten. Spa und großer Pool. Eine Bar und ein Restaurant fehlen natürlich ebenso wenig.

MERIAN-Tipp 7

BUNDALA-NATIONALPARK
▶ S. 152, B 27

Was die Größe betrifft, kann sich der 92 qkm kleine Park nicht mit dem großen Nachbarn Yala messen. Auch bei der Vielfalt der Fauna kann er kaum mithalten. Aber Bundala ist ein Kleinod und ein Paradies für Vogelliebhaber – schließlich ist der Südzipfel Sri Lankas Endstation Sehnsucht für Zugvögel aus dem kalten Norden: aus dem Himalaja, Zentralasien und Sibirien. Ab Anfang Oktober schweben Flamingos und Reiher, Pelikane und Kormorane, Ibise und Schnepfen ein, um Wärme zu tanken, und mischen sich mit den permanenten Bewohnern wie Eisvögeln und Nashornvögeln. Insgesamt tummeln sich hier im Winter rund 200 Vogelarten. Eine weitere Attraktion des Parks sind die Krokodile (Sumpfkrokodil und Leistenkrokodil), die man häufig beim Sonnenbad beobachten kann. Und auch die Landschaft fasziniert: Neben dornigem Buschland sorgen Lagunen, Süßwasserteiche, Flussläufe, Sanddünen, Sümpfe und Salzpfannen für reichlich Abwechslung.
Ca. 8 km nordöstl. von Hambantota

Matara Rd. • Tel. 04 12-25 39 20 • www.weligamabayresort.com • 24 Zimmer und 6 Strandvillen • €€€€

Barberyn Beach Hotel
▶ MERIAN-Tipp, S. 43

SERVICE
TAUCHEN
Bavarian Divers Sri Lanka
▶ S. 29

Hambantota ▶ S. 152, B 27/28
15 000 Einwohner

Östlich von Tangalle weicht das tropische Sri Lanka nach und nach zurück, und es beginnt die Trockenzone des Südens. Statt Kokospalmen ragen dort wie im äußersten Norden des Landes Palmyra-Palmen hinter den Dünen auf. Am Strand von Hambantota liegen tagsüber die bunten Katamarane der Fischer, die nur nachts aufs Meer hinausfahren. Die meisten von ihnen sind Muslime malaiischer Herkunft; ihre Vorfahren kamen im Zuge des Gewürzhandels aus Niederländisch-Indien, dem heutigen Indonesien, nach Sri Lanka.

Seit 2012 ist Hambantota aber auch Anlaufpunkt für Frachtschiffe. Es kann stolz sein, den größten Tiefseehafen des Landes (und einen der größten Häfen Südasiens), der mit chinesischem Kapital finanziert wurde, sein Eigen zu nennen. Schon das Reich von Ruhana (▶ Tissamaharama, S. 68) profitierte von seiner Lage an einer wichtigen Schifffahrtsroute zwischen Europa und Fernost, der sogenannten »Seidenstraße des Meeres«. Gewürze, Perlen und Seide, später auch Porzellan wurden hier verschifft. An diese glorreichen Zeiten möchte man anknüpfen, denn schließlich passieren jedes Jahr rund 36 000 Schiffe die Gewässer südlich des Ortes, Tendenz steigend.

Doch damit nicht genug: Ein neues Kricketstadion wurde fertiggestellt, ein Konferenzzentrum ist im Bau, und Ende 2012 soll in Hambantota der zweite internationale Flughafen des Landes nach dem Bandaranaike Airport bei Colombo eröffnen. Die strukturschwache Region bekam ein Entwicklungshilfeprogramm gesponsert – ob es ein Zufall ist, dass Hambantota die Heimatregion von Präsident Mahinda Rajapakse ist?

Darüber hinaus ist Hambantota ein Zentrum der Salzproduktion. Salinen prägen das Landschaftsbild entlang der Hauptstraße A2 östlich der Stadt. Und schließlich ist die Region berühmt für eine kulinarische Spezialität – den besten Wasserbüffeljoghurt der Insel. Probieren kann man ihn an vielen Ständen auf der Fahrt nach Tissamaharama.

ÜBERNACHTEN

Oasis Beach Hotel
▸ S. 152, B 27/28

Ayurveda-Wellness • Kein strenges Ayurveda-Kurhotel, sondern eher ein Wellnesshotel mit ayurvedischen Anwendungen, das im Zimmer auch Klimaanlage und Fernseher toleriert und neben Ayurvedakost auch Fleisch und Alkohol serviert. Schöne Lage am fast menschenleeren Strand, der wegen Unterwasserströmungen allerdings nicht zum Baden geeignet ist. Im 50 000 qm großen Garten mit Pool kann man wunderbar entspannen.
Sislasagama, Hambantota • Tel. 0 47-2 22 06 50 • www.oasis-ayurveda.de • 50 Zimmer • €€€

Ziele in der Umgebung

◎ **Dikwella** ▸ S. 151, F 24
ca. 5 000 Einwohner

Hier, beim **Wehwurukanalla-Tempel**, thront der mit 50 m Höhe lange Zeit größte Buddha des Landes, 1970 errichtet, dem man sogar in den Kopf steigen kann. Auf dem Weg dorthin passieren Gläubige und Neugierige knallbunte Malereien, die zum Teil recht drastisch Höllenstrafen bei Fehlverhalten illustrieren. Ein wahres Gruselkabinett.

Der Ort Dikwella hat einen sehr schönen Strand zu bieten und hält Übernachtungsmöglichkeiten in allen Kategorien bereit.
Tgl. 6–18 Uhr • Eintritt auf Spendenbasis
65 km westl. von Hambantota, Wehwurukanalla-Tempel 2 km nördl. der A2

◎ **Kataragama** ▸ S. 152, C 27
21 000 Einwohner

Der wichtigste hinduistische Pilgerort des Landes liegt abseits der Hauptrouten im äußersten Südosten des Landes. Benannt ist er nach dem Gott Kataragama, besser bekannt als Skanda, dem in Sri Lanka hochverehrten Sohn Shivas. Der Legende nach verliebte er sich in ein Mädchen und versteckte sich mit ihr, weil noch verheiratet, dort, wo heute der **Maha Devale** (großer Tempel) steht.

Die Tempel von Kataragama sind allesamt schlicht und außerhalb von Feiertagen wenig besucht. Zum Leben erwacht der Ort während der Esala Perahera, des großen Festes, das gleichzeitig mit der Perahera in Kandy (▸ S. 25) stattfindet. Dann treffen hier Scharen von Pilgern ein – darunter auch Asketen, die sich in Ekstase tanzen, um anschließend über glühende Kohlen zu laufen oder sich mit Spießen Zunge, Lippen oder andere Körperteile zu durchbohren. Ein kunterbuntes, lautes und sinnebetörendes Spektakel, das man nie mehr vergisst.
45 km nordöstl. von Hambantota

◎ Kirinda

▸ S. 152, C 27

Ein herrlicher Strand mit Sand und Felsen mit vorgelagertem Korallenriff, bekrönt von einer Dagoba, macht den ehemaligen Hafen des Ruhuna-Reiches zu einem attraktiven Standort – zumal er zwischen den Nationalparks Yala und Bundala liegt. Wie alle Orte an diesem Abschnitt der Küste erfuhr Kirinda durch den Tsunami 2004 schwere Zerstörungen. Inzwischen kommen Ausflügler in Scharen und zunehmend auch Taucher, denn Kirinda gilt als eines der besten Tauchreviere des Landes.

34 km östl. von Hambantota

ÜBERNACHTEN

Chaaya Wild

Luxuriöses Naturerlebnis • Am Rande des Yala-Nationalparks verteilen sich rustikal-schicke Dschungelchalets und einige Strandhütten auf dem weitläufigen Hotelgelände. Affen, Wasserbüffel, jede Menge Vögel und manchmal auch Elefanten kommen abends gern zu Besuch. Aber keine Angst – Ranger

WUSSTEN SIE, DASS ...

... nur 7 Prozent der Elefantenbullen auf Sri Lanka sichtbare Stoßzähne haben? Die sogenannten Tusker sind hoch verehrt, aber auch wegen des Elfenbeins vom Abschuss bedroht.

gewährleisten die Sicherheit der Hotelgäste. Auf geführten Touren bietet sich sogar die Gelegenheit, auf Leoparden zu treffen. Nette Bars, ein Aussichtsdeck mit 360°-Blick über den Dschungel bis zum Indischen Ozean und natürlich ein Pool für die Erfrischung nach der Safari tragen zum Wohlfühlambiente bei.

Das Städtchen Kataragama ist ein Ort der Toleranz und Versöhnung und der Maha Devale (▸ S. 65) ein beliebtes Pilgerziel – für Buddhisten wie Hindus gleichermaßen.

Kiranda • Tel. 0 11-2 30 66 00 • www.chaayawildresort.com • 66 Chalets • €€€€

◎ Mulkirigala Felsenkloster

▸ S. 151, A 24

Auf einem mehr als 100 m hohen Granitfelsen thront ein buddhistisches Kloster, das zu den kulturell interessantesten Orten im Süden des Landes gehört. Auf mehreren Terrassen verteilen sich Höhlen, die man über steile Treppen erreicht. Die frühen eremitischen Bewohner nutzten teils natürliche Felsüberhänge, die sie weiter bearbeiteten und zu Hählen erweiterten. Inschriften zufolge wurden sie spätestens im 2. Jh. v. Chr. von Mönchen besiedelt, Mulkirigala zählt damit zu den ältesten Klosteranlagen weltweit. Die Höhlen sind ähnlich wie der Höhlentempel von Dambulla (▸ S. 92) reich mit Malereien ausgeschmückt, die allerdings aus der Zeit zwischen dem 16. und 18. Jh. stammen. In einer Höhle befindet sich ein beeindruckender, 14 m langer schlafender Buddha. Von der Spitze des Felsens, mit einer Dagoba bekrönt, schweift der Blick bis zum Meer.

50 km östl. von Hambantota • tgl. 6–18 Uhr • geringer Eintritt

◎ Tangalle

▸ S. 152, A 28

10 000 Einw.

Ein Rest House am Hafen und einige andere Kolonialgebäude erinnern im kleinen Fischerort noch an die Zeit der Niederländer, doch bemerkenswerter als der Ort selbst sind die schönen Strände: Westlich des Ortes reihen sich kleine Buchten aneinander, nach Osten hin erstreckt sich der lange, feinsandige Medeketiya Beach. Noch sonnt man sich in

Tangalle sehr entspannt – das wird sich ändern, wenn der internationale Flughafen bei Hambantota eröffnet ist. Die Preise für Bauland sind längst gewaltig in die Höhe geschossen.

Ein paar Kilometer weiter östlich, bei Rakawa, liegt der wichtigste Laichplatz für Meeresschildkröten an der Südküste Sri Lankas. Fünf Arten von Meeresschildkröten, darunter die Riesenschildkröte, legen am Strand ihre Eier ab. Früher verkauften die Einheimischen die Eier, um sich ein Zubrot zu verschaffen. Im Auftrag des Turtle Conservation Project (www.tcpsrilanka.org; Tel. 0 47-2 24 05 81) begleiten sie heute interessierte Besucher zu den nachts anlandenden Schildkröten.

50 km südwestl. von Hambantota

ÜBERNACHTEN

Buckingham Place

Traumhaft entspannend • Der Brite Nick Buckingham erfüllte sich mit diesem kleinen Hotel einen Traum, den seine Gäste weiterträumen dürfen. Riesige Zimmer mit Lagunenblick im herrlichen Garten, absolute Ruhe und ein ausgezeichnetes Restaurant tragen dazu bei, dass niemand wieder abreisen will. Und die guten Hotelgeister können Wünsche von den Augen ablesen.

Rekawa, Netolpitiya • Tel. 047-3 48 94 47 • www.buckinghamplace.lk • 11 Zimmer • €€€€

Lagoon Paradise Beach Resort

Zwischen Lagune und Strand • Netter als die etwas sterilen Zimmer sind die Cabanas im Garten mit ihren großen Terrassen. Toll ist vor allem die Lage zwischen Lagune und wunderschönem Strand. Mit Swimmingpool.

Marakolliya • Tel. 0 47-2 24 25 28 • www.lagoonparadisebeachresort. com • 28 Zimmer, 6 Cabanas • €€

Lucky Star

Entspannung pur • Auf einer An- höhe über dem Meer fanden Ursula und Werner Bonn ein traumhaftes Plätzchen für ihr Hotel. Die hübsch eingerichteten Zimmer bieten alles, was das Herz begehrt, zu sehr fairen Preisen. Im Garten kann man im Meerwasserpool baden oder einfach nur unter schattigen Bäumen ent- spannen.

Abends sitzen die Gäste wie eine große Familie beim Essen zusam- men. Nur mit Halbpension buchbar. Gekocht wird sri-lankisch genauso wie deutsch – und immer schmeckt es köstlich.

31, Tuduwewatta • Tel. 07 76-24 28 85 • www.luckystar-srilanka.de • 8 Zimmer • €

Mangrove Garden

Naturnah • Zwischen Lagune und Strand breiten sich auf einem riesi- gen Gelände die einfachen Cabanas und die größeren Chalets aus. Open-Air-Restaurant und Bar am feinsandigen Strand und sehr relaxte Atmosphäre.

Kapuhenwela, Marakolliya • Tel. 07 77- 90 60 18 • www.beachcabana.lk • 12 Zimmer • €

Palm Paradise Cabanas

Im Kokoshain • Die achteckingen, mit Naturmaterialien ausgestatteten Cabanas sind urgemütlich und ver- teilen sich in einem riesigen Kokos- palmenhain. Davor liegt eine (von November bis März) schwimmsi- chere Bucht. Nur mit Halbpension buchbar.

Goyambokka • Tel. 0 47-2 24 03 88 • www.palmparadisecabanas.net • 22 Cabanas • €

◎ Tissamaharama

ca. 1000 Einwohner   ▸ S. 152, C 27

Ist »Tissa« heute vor allem Aus- gangspunkt zur Erkundung des Yala- Nationalparks, so war der Ort unter dem Namen »Mahagama« zu Zeiten der europäischen Antike und des Mittelalters Hauptstadt des singha- lesischen Reiches von Ruhana. Ob die Könige Verwandte der Herrscher von Anuradhapura oder gar vertrie- bene Könige aus dem nördlichen Reich waren, ist umstritten. Wie in den Königsstädten des Nordens legten sie ein riesiges Süßwasserre- servoir an, den Tissa Wewa.

Zu Reichtum kam man durch den Seehandel auf der »Seidenstraße des Meeres«, die China mit den Häfen des Mittelmeers verband. Doch wie Anuradhapura und Polonnaruwa versank auch Ruhana im Dunkel der Geschichte. An die große Zeit erin- nern noch einige stark restaurierte Dagobas und Ruinen von Klöstern und Palästen, die jedoch nur einen bescheidenen Eindruck von der einstigen Pracht der Hauptstadt vermitteln.

Ca. 30 km östl. von Hambantota

ÜBERNACHTEN

The Safari

Am See • Das ehemalige Rest House liegt idyllisch am Tissa Wewa und ist idealer Ausgangspunkt für die Erkundung des Yala-Nationalparks, aber auch von Kataragama. Zur Aus- stattung gehören ein großzügiger Pool und Tennisplätze.

Am Tissa Wewa, 30 Min. vom Parkein- gang entfernt • Tel. 0 11-5 63 45 73 •

Wasserbüffel überqueren einen Fluss im Yala-Nationalpark (▶ S. 69). Verschiedene Veranstalter vor Ort haben Foto-Safaris im Programm.

www.ceylonhotels.lk • 53 Zimmer • €€€

◎ **Udawalawe-Nationalpark**
▶ S. 152, A 26

Der rund 300 qkm große Park ist für seine große Elefantenpopulation bekannt. Etwa 10 Prozent der 5000 Wildelefanten, die noch in Sri Lanka leben, sollen sich hier tummeln. So ist es sehr wahrscheinlich, dass man ganze Elefantenherden bei der Futtersuche beobachten kann.
Zwischen Hochland und Küste • tgl. 6–18 Uhr • Eintritt 15 €, Kinder 8 €, Jeeps mit Guide für Halbtagestouren ca. 5000 Rs.
50 km nördl. von Hambantota

◎ **Yala-Nationalpark** 🔶
▶ S. 152/153, C/D 27

Der mit rund 1500 qkm zweitgrößte Nationalpark des Landes ist auch einer der ältesten (1938 eröffnet)

und ganz sicher der am meisten besuchte. Das hat Vor- und Nachteile. Zur Hauptreisesaison zwischen Dezember und Mai kann man auf den Schotterpisten durchaus im Stau stehen, andererseits sind die Tiere weniger scheu als in den weniger besuchten Parks.
Unabhängig von der Tierwelt begeistert die landschaftliche Vielfalt: Staubtrockene Savannenlandschaften erinnern an Afrika, doch Lagunen, Monsunwälder, Strände und Felsmonolithe sorgen für faszinierende Kontraste und sind Lebensraum für Elefanten, wilde Wasserbüffel, Sambar- und Axis-Hirsche, Krokodile, Lippenbären, 150 Vogelarten und natürlich die Stars des Parks – 35 Leoparden.
Tgl. 6–18.30 Uhr (Sept.–Mitte Okt. geschl.) • Eintritt 25 € zzgl. Kosten für Jeep und Ranger
40 km nordöstl. von Hambantota

Kandy und das Hochland

Die alte Königsstadt ist Ausgangspunkt für die Erkundung des Berglands. Wer dies mit spiritueller Erfahrung kombinieren möchte, mischt sich am Adam's Peak unter die Pilger.

◀ Buddhistische Mönche am sogenannten World's End im Nationalpark Horton Plains (▶ S. 20, 121).

Kandy   ▶ S. 147, F 15

Stadtplan ▶ S. 73

112 000 Einwohner

Den Ruf, die schönste Stadt Sri Lankas zu sein, verdankt Kandy weniger seiner Architektur, sondern vor allem seiner Lage auf 500 m Meereshöhe in einzigartiger Umgebung. Von den umliegenden Hügeln oder vom Riesenbuddha aus ist der Blick auf den **Sri Dalada Maligawa (Zahntempel)**  am Milchsee und das gebirgige Umland in der Tat prächtig.

Stolz ist man auf die Geschichte: Im Schatten der Berge trotzte Kandy den europäischen Kolonialmächten am längsten. Erst 1815 erreichten die Briten das Hochland, nachdem der Hochadel – empört über die Grausamkeit des letzten Kandy-Königs Sri Vikrama Rajasinghas – sich mit den Europäern verbündet hatte. Durch die Konvention von Kandy wurde die britische Herrschaft auf der gesamten Insel verbrieft.

Bis heute verstehen sich die Hochland-Singhalesen als Hüter der singhalesischen Kultur und schauen oft etwas arrogant auf ihre Landsleute im Tiefland herab. Auch als intellektuelles Zentrum genießt Kandy ein hohes Renommee: Die Universität im Vorort Peradeniya ist die größte des Landes. Und nicht zuletzt ist Kandy religiöse Hauptstadt Sri Lankas, denn hier wird die heiligste Reliquie des Landes, ein Eckzahn Buddhas, gehütet.

Die alljährliche Prozession zu Ehren des Heiligen Zahns am Esala-Vollmond im Juli oder August ist das wichtigste buddhistische Fest und ein faszinierendes Spektakel. Zwei Wochen lang ziehen Abend für Abend Prozessionen mit festlich geschmückten Elefanten, begleitet von Musikern und Tänzern, durch die Stadt, um dem Heiligen Zahn zu huldigen.

SEHENSWERTES
Kiri Muhada (Milchsee)

▶ S. 73, b 2–c 3

Der künstliche See im Zentrum der Stadt, wenn auch mittlerweile vom Verkehr umtost, trägt wesentlich zu Kandys Flair bei. Ausgehoben wurde er erst im frühen 19. Jh. vom letzten König Kandys, der ihn nach einem mythischen Schöpfungssee Kiri Muhuda (Milchsee) taufte.

Ein schöner Spazierweg (4 km) führt rund um den See herum. Am südlichen Ufer liegt das Kandyan Arts and Crafts Center, wo man Kunsthandwerkern über die Schulter blicken und abends den Kandy-Tänzern (▶ S. 75) zusehen kann. Ebenfalls am südlichen Ufer liegt das Kloster Malwatta, der Hauptsitz von Sri Lankas wichtigster buddhistischer Ordensgruppe. Zum Abschluss der Seerunde lockt ein Kännchen Tee im kolonialen Queens Hotel (▶ S. 74).

Sri Dalada Maligawa (Zahntempel) 3 ▶ S. 73, c 2

Im Tempel des Heiligen Zahns hüten Mönche die Nationalreliquie, den oberen linken Eckzahn Buddhas. Er ist Objekt religiöser Verehrung, war aber über viele Jahrhunderte auch von politischer Bedeutung, denn

Der Zahntempel in Kandy (▶ S. 72) ist ein Ort höchster Verehrung.

der Hüter des Zahns regierte auch das Land. Im 4. Jh., als der Buddhismus im indischen Mutterland an Bedeutung verlor, soll eine Nonne ihn in ihrem Haar versteckt nach Sri Lanka gebracht haben. Die Könige von Anuradhapura bauten die ersten Tempel für den Zahn, der nach dem Niedergang der ersten Hauptstadt auf Wanderschaft ging, bis er Ende des 16. Jh. nach Kandy gelangte. Seine symbolische Bedeutung hat der Zahn auch in der Gegenwart nicht eingebüßt: 1998 verübte

die LTTE einen Anschlag auf den Zahntempel, um das singhalesische Nationalgefühl zu erschüttern.

Der Tempel selbst stammt aus dem 18./19. Jh. und ist architektonisch nicht sonderlich bemerkenswert. Der Besuch während einer der drei Puja-Zeremonien am Tag ist jedoch ein Erlebnis. Mit Lotusblüten strömen Scharen von Pilgern dem Heiligtum entgegen. Dumpfe Trommelklänge empfangen Gläubige und Besucher in der offenen Halle. Wer aus nächster Nähe einen Blick auf den Reliquienbehälter erhaschen möchte, reiht sich im ersten Stock in die Schlange der Wartenden ein. Sehenswert ist weiterhin die Andachtshalle mit Gemälden, die die Odyssee des Heiligen Zahns anschaulich illustrieren.

Auch von ausländischen Besuchern wird angemessene Kleidung erwartet (keine Shorts).

Dalada Veediya • tgl. 5.30–20.30 Uhr (Puja-Zeremonien 5.30, 9.30 und 18.30 Uhr) • Eintritt 1000 Rs.

Bahirawakanda-Buddhastatue
▶ S. 73, westl. a 2

Beim Uhrturm beginnt der etwa 30-minütige Aufstieg zu der fast 30 m hohen Buddhafigur, die sich seit 1993 schützend über der Stadt erhebt. Die herrlichen Ausblicke auf Kandy und das bergige Umland entschädigen für den vergossenen Schweiß.

Eintritt 200 Rs.

Botanischer Garten von Peradeniya 4 ▶ S. 73, südwestl. a 3

Mehr als 4000 Pflanzen gedeihen im 60 ha großen Park, den die Briten im 19. Jh. als Forschungsinstitut gründeten. Er schmiegt sich in eine

Biegung des Mahaweli-Flusses und gehört nicht nur zu den größten, sondern zweifellos auch zu den schönsten botanischen Gärten Asiens. Einen halben Tag sollte man einplanen, um die Höhepunkte zu erkunden. Eine Art Wahrzeichen des Gartens ist die riesige Javafeige unweit des kleinen Restaurants. Das Astwerk des Riesenbaums, 1861 gepflanzt, überspannt eine Fläche von 1600 qm und ist ein herrlicher Spielplatz.

Zu den weiteren »Must-Sees« gehören die Palmetto- und Königspalmenalleen, der Riesenbambus-Hain, ein Gewürzgarten, ein Ayurveda-Kräutergarten und ein Orchideenhaus. Am Wochenende kann man sich auf den Rasenflächen unter die picknickenden Familien mischen.
Galaha Rd., Peradeniya, 5 km südwestl. von Kandy • tgl. 8–17.30 Uhr • Eintritt 1100 Rs.

MUSEEN

Nationalmuseum ▶ S. 73, c 2

Haushaltsgeräte, Kunsthandwerk (Textilien, Schmuck), Waffen und historische Dokumente informieren über die große Zeit des Königreichs Kandy.
Hinter dem Zahntempel • So–Do 10–16 Uhr • geringer Eintritt

Wer könnte den Charme Sri Lankas besser verkörpern als dieser Besitzer eines Obststandes auf dem Markt von Kandy (▶ S. 71)?

Teemuseum ▶ S. 73, südl. a 3

Seit dem 19. Jh. ist die Umgebung Kandys ein Zentrum des Teeanbaus. Wer keine Zeit für den Besuch einer Plantage im Hochland hat, kann sich in der ehemaligen Teefabrik über die Teeproduktion informieren und die Teevorräte aufstocken.
Hanthana Rd. • Di–So 8.15–16.45 Uhr • Eintritt 400 Rs.
4 km südl. von Kandy

ÜBERNACHTEN

Chaaya Citadel
▶ S. 73, nordwestl. a 1

Mit jedem Komfort • Trotz seiner Größe ein angenehmes Hotel mit schönem Blick auf den Fluss, großzügigen Zimmern, großem Poolbereich und offener Bar.
Srimath Kuda Ratwatte Mawatha 124 • Tel. 0 81-2 23 43 65 • www.chaaya hotels.com/ChaayaCitadel.htm • 121 Zimmer • €€€

Villa Rosa ▶ S. 73, nordwestl. a 1

Kleine Perle • Das Boutique-Hotel liegt in exponierter Lage hoch über dem Fluss und bietet herrliche Ausblicke. Die Zimmer sind liebevoll eingerichtet. Der deutsche Besitzer ermöglicht Begegnungen mit Land und Leuten nach dem Motto »Entdecken und Entspannen«.
Asgiriya, 71/18, Dodanwela Passage • Tel. 0 81-2 21 55 56 • www.villarosa-kandy.com • 10 Zimmer • €€€

Queens Hotel ▶ S. 73, b/c 2

Klassiker • Die Zimmer im Kolonialstil sind einfach und recht spartanisch, aber nicht ohne Charme. Und die zentrale Lage gegenüber vom Zahntempel sowie der schöne Garten mit Frangipanibäumen und Pool sind dicke Pluspunkte.
D. S. Senanayake Veediya • Tel. 0 81-2 23 30 26 • www.queenshotel.lk • 54 Zimmer • €€

Suisse ▸ S. 73, östl. c 3

Kolonialcharme am See • Gut geführtes Haus mit Garten und Pool. Schöne Lage am See und trotzdem nur einen Spaziergang vom Zentrum entfernt.

30, Sangaraja Mawatha • Tel. 0 81-2 23 30 24 • www.ceylonhotels.lk • 90 Zimmer • €€

ESSEN UND TRINKEN

Slightly Chilled Bamboo Garden Lounge ▸ S. 73, östl. c 3

Herrlicher Blick • Köstliche chinesisch-europäische Küche, gute Drinks und tolle Aussicht auf den Milchsee.

29, Dharmapala Mawatha • Tel. 07 71-88 72 55 • €

White House Restaurant ▸ S. 73, b 2

Indisch im Zentrum • Ob Snack oder Drei-Gänge-Menü – was aus der Küche des trendigen Café-Restaurants mit Bäckerei kommt, schmeckt immer hervorragend.

21, Dalada Vidiya • €

EINKAUFEN

Markt ▸ S. 73, a 3

Im unteren Stock des Marktgebäudes taucht man in die Welt der Gerüche und der Farben ein. Papayas, Mangos, Mangostan und andere Exotenfrüchte stapeln sich an den Ständen. Darüber baumeln Bananenstauden und alles, was die Gewürzgärten hergeben – von Kurkuma, Koriander, Pfeffer und Vanille bis zum berühmten Ceylon-Zimt. Verkaufsschlager sind aber auch Aloe Vera und so manches Wundermittel aus den Ayurveda-Küchen. Verhandlungsgeschick ist gefragt!

Hiragaderea Mawatha, in Bahnhofsnähe • Mo–Sa 7–15 Uhr

SERVICE

Kandy Dancer ▸ S. 73, östl. c 3

In den Hochlandtänzen, die sich am Königshof entwickelten, glänzen die Männer. Für Touristen schnürt der Kandy-Tänzer Abend für Abend ein faszinierendes Feuerwerk aus Akrobatik und Trommelrhythmen. Mit Feuerlaufen.

Cultural Center, 70, Sangaraja Mawatha (am See) • tgl. 17.30 Uhr • Eintritt 500 Rs.

AUSKUNFT

Travel Information Centre ▸ S. 73, c 2

Deva Veediya (beim Zahntempel) • Mo–Fr 8.30–16 Uhr

WUSSTEN SIE, DASS …

… Zimt im Europa des 16. Jh. eines der exklusivsten Gewürze war? Der Augsburger Kaufmann Anton Fugger demonstrierte seinen Reichtum, als er Schuldscheine Karl V. in einem Feuer aus Zimtstangen verbrannte.

Ziele in der Umgebung

◎ **Alu Vihara** ▸ S. 147, F 15

In dem Felsenkloster haben Mönche auf einem Konzil vor 2000 Jahren erstmals die Lehre des Buddhismus schriftlich auf Palmblättern festgehalten. Noch heute kopieren hier Mönche alte Palmblattmanuskripte, und man kann ihnen bei der Arbeit zusehen: Blätter der Palmyrapalme werden getrocknet, gekocht und gepresst, dann ritzt man die Texte mit einem spitzen Stift ein und macht sie mit Holzkohle sichtbar. Einige Höhlen sind eindrucksvoll ausgemalt. Matale • tgl. 6–19.30 Uhr • Eintritt 200 Rs.

27 km nördl. von Kandy

◎ Elefantenwaisenhaus Pinnawela 🏃🏃 ▸ S. 147, D 15

Der Besuch gehört zum Standardprogramm aller Reisegruppen und ist für Familien mit Kindern und alle Elefantenfans ein Muss. 1975 wurde das Waisenhaus als neue Heimat für Elefantenbabys gegründet, die ihre Eltern verloren hatten. Heute leben hier rund 60 Tiere – auch Elefantenkühe oder -bullen, die durch Wilderer oder Tretminen verletzt wurden. Am interessantesten ist der Besuch während der Fütterungs- und Badezeiten, allerdings ist der Rummel dann auch am größten.
Kegalla • tgl. 8.30–17.30 Uhr (Fütterungszeiten 9.15, 13.15, 17.15 Uhr;

Badezeiten 10–12 und 14–16 Uhr) • Eintritt 2000 Rs., Kinder 1000 Rs.

40 km westl. von Kandy

◎ Gewürzgärten ▸ S. 147, F 14

Gewürze gehören zum natürlichen Reichtum der Insel. Seit ewigen Zeiten werden die duftenden Schätze exportiert. Vor allem zwischen Kandy und Matale findet man immer wieder Hinweise auf »Spice Gardens«, Mustergärten großer Gewürzplantagen. Im Rahmen einer Führung erfährt man hier, wie der Pfeffer wächst und wofür das ein oder andere Kraut zu gebrauchen ist. Mit Ingwer, Kurkuma, Muskat und Zimt kann man die Gewürzvorräte auffüllen, aber auch (leider überteuerte) ayurvedische Mittelchen gegen fast jedes Wehwehchen erwerben, die bisweilen marktschreierisch angeboten werden. Oft ist eine kleine Massage inklusive.

»Members only«. Als Kurzzeit-Mitglied im Hill Club (▸ MERIAN-Tipp, S. 77) von Nuwara Eliya kann man sich für einen Tag wie ein Brite fühlen.

Meist 9–18 Uhr • Eintritt frei
Straße zwischen Matale und Kandy

◎ **Tempeltour**   ▶ S. 147, E 15

Einen Besuch bei den Elefanten in
Pinnawela (▶ S. 76) oder im **Bota-**
nischen Garten von Peradeniya ⚡
(▶ S. 72) kann man wunderbar mit
einer Tour zu drei Tempeljuwelen
aus dem 14. Jh. verbinden, die alle im
Südwesten Kandys liegen.
Der **Embekke-Devale-Tempel**, 7 km
südlich von Peradeniya, ist dem
Kriegsgott Kataragama Deviyo
(Skanda) geweiht. Sehenswert sind
die 32 Pfeiler der offenen Halle, die
wohl aus einer königlichen Audienz-
halle stammen, mit hochwertigen
Schnitzereien, die Szenen aus der
Geschichte, der Mythologie und
dem Alltagsleben erzählen. 2 km
nördlich liegt der kleine himmelblaue **Tempel von Lankatilaka** aus
dem 14. Jh., den man auf einem Weg
durch die Reisfelder auch erwandern
kann. Im Innern des Heiligtums be-
zaubert ein meditierender Buddha.
Die Altäre in den Nebenschreinen
dagegen schmücken Hindu-Götter
– ein Nebeneinander der indischen
Religionen, das man in dieser Peri-
ode häufig beobachten kann. Nach
weiteren 3 km erreicht man **Gada-**
ladeniya, wo sich ebenfalls buddhistische und hinduistische Elemente
mischen.
2–3 Std. sollte man für die Tour per
Tuk-Tuk oder Taxi einplanen • geringer
Eintritt
20 km südöstl. von Kandy

Nuwara Eliya   ▶ S. 147, F 16

25 000 Einwohner

Im Hochland Sri Lankas herrscht
ewiger Frühling – tagsüber steigt
das Thermometer selten über 25

MERIAN-Tipp   **8**

HILL CLUB   ▶ S. 115, F 16

Der altehrwürdige Club, der mit
seinen trutzigen grauen Stein-
mauern bestens in die schotti-
schen Highlands passen würde,
war zu britischer Zeit Treffpunkt
der Pflanzer. Heute entstammen
seine Mitglieder der High Society
Colombos. Wer Mitglied auf Zeit
wird (100 Rs.) und den Dresscode
beherzigt (Schlips und Jacket
kann man leihen), kann bei einem
stilvollen Afternoon Tea mit einem
Gläschen Portwein der blutjun-
gen Queen Elizabeth zuprosten,
deren Porträt seit 60 Jahren über
dem Kamin hängt. Im kolonialen
Speisesaal servieren abends Kellner in schwarzer Livree und mit
weißen Handschuhen Roastbeef
und Kidney Pie bei Kerzenlicht.
Und den Single Malt in der Men's
Bar dürfen längst auch Damen
einnehmen – unter einem ausge-
stopften Leopardenkopf.
Nuwara Eliya, 29, Grand Hotel
Rd. • Tel. 0 52-2 22 26 53 • €€

Grad, und abends wird der Kamin
angeheizt. Kein Wunder, dass tro-
penmüde und heimwehkranke Briten in 2000 m Höhe eine Kleinstadt
nach britischem Vorbild schufen.
Hier träumten sie von ihrer grünen
Heimat und genossen die Sommerfrische bei Jagd, Golf und Pferderennen. Villen im viktorianischen
Stil, gepflegte Rasenflächen und
englische Rosen prägen den kleinen
Ort Nuwara Eliya (meist zu »Nurelia« abgekürzt) noch heute, lediglich
Baumfarne und baumhohe Weih-

nachtssterne erinnern daran, dass man sich in den Tropen befindet.

Heute tummeln sich in »N. E.« am Wochenende Colombos Upper Class und zahlreiche Honeymooner aus dem Flachland. Vor allem in den singhalesischen Neujahrsferien Mitte April wird es voll. Dann erfüllt die Pferderennbahn, auf der sonst Schulklassen Kricket spielen, das einzige Mal im Jahr ihren eigentlichen Zweck.

Die Attraktionen des Städtchens liegen nah beieinander. Im **Grand Hotel** (▶ S. 79), wo einst der britische Gouverneur residierte, schnuppern heute Reisegruppen Kolonialflair. In der Nachbarschaft liegen der exklusive **Hill Club** (▶ MERIAN-Tipp, S. 77), einer der schönsten Golfplätze Asiens, der **Victoria Park** und das hübsche koloniale **Post Office**.

Den dichten Dschungel ringsum rodeten die Briten mit Elefanten, um Platz für Kaffeeplantagen zu machen. Erst als diese 1867 der Kaffeepest zum Opfer fielen, importierte man aus dem indischen Assam versuchsweise Teesträucher. Und siehe da – im feuchtwarmen Hochlandklima gediehen sie prächtig. Die Erfolgsgeschichte des Ceylontees konnte beginnen.

SEHENSWERTES

Hakgala

Der botanische Garten ist das Pendant zum **Botanischen Garten von Peradeniya** ✶ (▶ S. 72). Ursprünglich wurde hier Chinarinde gezüchtet, die man gegen die Malaria einsetzte, heute findet man vor allem Pflanzen aus gemäßigten Breiten. Berühmt ist der Garten für seine zahlreichen duftenden Rosen und wilden Orchideen.

Tgl. 7.30–17 Uhr • Eintritt 500 Rs.
10 km südöstl. von Nuwara Eliya

Der Besuch einer Teeplantage (▶ S. 79) gehört für jeden, der das Landesinnere bereist, zum Pflichtprogramm.

Teeplantagen ⭐

Grüne Teeteppiche, so weit das Auge reicht! Gepflückt wird der Rohstoff für die edelsten Ceylontees von Tamilinnen, die am Ende des 19. Jh. aus Indien angesiedelt wurden, weil kein Singhalese die mühselige Arbeit verrichten wollte. Ihre bunten Saris setzen anmutige Farbtupfer im Teegrün und täuschen darüber hinweg, wie monoton und schlecht bezahlt das Pflücken ist: Unzählige Male wandern im Laufe des Arbeitstags die Knospe und die obersten beiden Blättern in ihre Körbe.

In den Teefabriken können Besucher wochentags verfolgen, wie aus grünen Blättern durch Fermentieren, Trocknen und Rollen aromatischer Tee wird. Bei der (meist kostenlosen) Verkostung kann man sich vom Aroma der besten Hochlandqualitäten überzeugen und zu erfreulich günstigen Preisen einkaufen. Eine empfehlenswerte Adresse:

Pedro Tea Estate • tgl. 8–12.30, 14–17 Uhr • geringer Eintritt
3 km nördl. von Nuwara Eliya

ÜBERNACHTEN

Tea Factory

Alles Tee • Eine Teefabrik aus den 1930er-Jahren wurde stilvoll restauriert und in ein luxuriöses Hotel verwandelt. Wo sich jetzt die Rezeption befindet, wurden früher Teeblätter getrocknet; im einstigen Abfüllraum werden heute Cocktails gereicht, und im ehemaligen Probierraum serviert man Currys.

Ringsum ist alles teegrün, und sogar aus der Badewanne genießt man den Blick auf die Teefelder. Wer selbst aktiv werden möchte, kann sein Talent als Teepflücker unter Beweis stellen und die Ausbeute in der Miniaturfabrik des Hotels selbst verarbeiten.

Waterfield Drive • Tel. 0 52-2 22 96 00 • www.heritancehotels.com/teafactory • 54 Zimmer • €€€€

Grand Hotel

Nobel-Nostalgie • 1891 als Gouverneursresidenz erbaut, heute ein elegantes Hotel mit reichlich Old-World-Charme. Zwischen Kaminzimmer, Billardtisch und englischem Rasen fühlt man sich wie zu Queen Victorias Zeiten – Zentralheizung und WiFi sind ein Zugeständnis an die Moderne. Kulinarisch mischen sich Ost und West. Mitten im Ortszentrum, in Fußweite zum Hill Club gelegen. Manchmal etwas rummelig wegen zahlreicher Reisegruppen.

Grand Hotel Rd. • Tel. 0 52-2 22 28 81 • www.tangerinehotels.com • 163 Zimmer • €€€

St. Andrews

Landhausflair • Gemütliches Kolonialhotel von überschaubarer Größe und mit ausgesprochen schönem Garten. Der Service ist allerdings etwas schleppend.

10, St. Andrew's Drive • Tel. 0 52-2 22 30 31 • www.jetwinghotels.com/jetwingstandrews • 52 Zimmer • €€€

Alpine

Für Naturliebhaber • Sympathisches kleines Hotel mit anständigen Zimmern (teilweise mit schönem Bergblick). Umfangreiches Outdoor-Programm mit Wanderungen, Rafting und Ausritten. Mountainbikes können geliehen werden.

4, Haddon Hill Rd. • Tel. 0 52-2 22 35 00 • www.alpineecotravels.com • 25 Zimmer • €€

Tuk-Tuks sind im ganzen Land ein wichtiges Transportmittel. Hier warten einige Fahrer im Bergort Bandarawela (▸ S. 80) auf Kundschaft.

Glendower

Gemütlich • Kleines Kolonialhotel mit plüschig-altmodischen Zimmern. Weitere Pluspunkte sind die zentrale Lage und das gute chinesische Restaurant.

5, Grand Hotel Rd. • Tel. 0 52-2 22 25 01 • www.hotelglendower.com • €€

Ceybank Rest

Viel fürs Geld • Herrlicher Garten, großzügige Zimmer, wunderschöner Salon mit kostenlosem WiFi, nette Atmosphäre und all dies bei einem ausgezeichneten Preis-Leistungs-Verhältnis.

Badulla Rd. • Tel. 0 11-7 48 82 88 • www.ceybank-rest-nuwaraeliya-sri-lanka.lakpura.com • 20 Zimmer • €

ESSEN & TRINKEN
Hill Club
▸ MERIAN-Tipp, S. 77

Ziele in der Umgebung

◎ **Bandarawela** ▸ S. 152, A 25
65 000 Einwohner

Auf 1300 m Höhe, wo ein Teppich aus Teepflanzen die Berge überzieht, entspannten schon die Briten gern. Was in den Obst- und Gemüsegärten rundum gedeiht, findet sich täglich auf dem farbenfrohen Markt. Gerade weil der Ort nicht hauptsächlich vom Tourismus lebt, ist er angenehmer Ausgangspunkt für die Erkundung des Hochlands.

50 km südöstl. von Nuwara Eliya

SEHENSWERTES
Höhlentempel Dowa Vihara
▸ S. 152, A 25

Ein imposanter, 11 m hoher Buddha, den Steinmetze vor 2000 Jahren aus dem Fels meißelten, zieht im Höhlentempel die Blicke auf sich. Die Wandfresken, die Szenen aus dem Leben Gautama Buddhas darstellen, sind immerhin auch rund 400 Jahre alt.

Eintritt auf Spendenbasis
5 km östl. von Bandarawela

ÜBERNACHTEN

Bandarawela Hotel

Geschichtsträchtig • Der ehemalige Planters Club, 1893 erbaut und seit 1908 ein Hotel, versprüht nostalgischen Charme. Man kann sich in riesigen Messingbetten räkeln und vor dem Kamin die Tea Time zelebrieren. Komfortable Basis zur Erkundung der Region.

14, Welimada Rd. • Tel. 0 57-2 22 25 01 • www.aitkenspencehotels.com/bandarawelahotel • 33 Zimmer • €€

◎ Ella   ▶ S. 148, B 25

2000 Einwohner

Schluchten, Höhlen, Wasserfälle, schroffe Berghänge und fruchtbare Gemüseterrassen – eine Landschaft, die immer wieder den Atem raubt, umgibt den kleinen Ort in rund 1000 m Meereshöhe. Weil die Atmosphäre sehr entspannt ist, ziehen vor allem jüngere Reisende Ella dem konservativen Nuwara Eliya als Basis für die Hochlanderkundung vor. Ella Gap, ein spektakulärer Steilabfall, erlaubt bei klarer Sicht den Blick bis zur 100 km entfernten Küste. Die Ravana Ella Falls (6 km südlich von Ella) stürzen direkt an der Straße talwärts – ideal für eine spektakuläre Badepause.

55 km südöstl. von Nuwara Eliya

ÜBERNACHTEN

Grand Ella Motel

Traumhafte Lage • Durch die Renovierung vor einigen Jahren wurde das koloniale Flair des alten Ella Rest House fast gänzlich wegsaniert.

Der ordentliche Standard der neuen Zimmer ist jedoch ein guter Trost. Geblieben ist der umwerfende Blick vom Garten über die Schlucht von Ella bis zum Meer und auf die Berge.

Ella • Tel. 0 57-5 67 07 11 • www.ceylonhotels.lk • 14 Zimmer • €€

Zion View Guest House

Terrasse mit Bergblick • Gemütliche Zimmer, Aussichtsterrasse, gute Küche und geführte Wanderungen. Der Besitzer weiß, was Europäern gefällt, denn er lebte einige Jahre in der Schweiz.

Wemullahena • Tel. 0 72-7 85 57 13 • www.ella-guesthouse-srilanka.com • 7 Zimmer • €€

◎ Haputale   ▶ S. 152, A 25

5 000 Einwohner

Der unspektakuläre kleine Ort, der sich in 1300 m Höhe auf einem Bergrücken breit macht, ist bestens als Ausgangspunkt für Wanderungen und Ausflüge in die Umgebung geeignet und weitaus günstiger als das etwas snobistische Nuwara Eliya. Beliebte Wanderziele sind die zahlreichen Wasserfälle, wie die Diyaluma Falls (171 m hoch; 33 km östlich von Haputale) oder die Bambarakanda-Wasserfälle, mit 241 m die höchsten Sri Lankas (28 km westlich von Haputale). Am eindrucksvollsten rauschen die Wassermassen von September bis Mai – allerdings wandert man dann oft im Nebel.

50 km südöstl. von Nuwara Eliya

ÜBERNACHTEN

Olympus Plaza Hotel

Guter Komfort • Das neue Hotel wirkt etwas unterkühlt, aber der Preis für die komfortablen Balkonzimmer ist sehr attraktiv.

MERIAN-Tipp · 9

KITULGALA   ▸ S. 147, D/E 16

»Die Brücke am Kwai« mit Alec Guiness und William Holden gehörte zu den Kinohits der 1950er-Jahre und wurde mit sieben Oscars ausgezeichnet. Kein Wunder, dass noch immer zahlreiche Cineasten, auch jüngere, zum Drehort des Films pilgern (von der A7, km 40, ausgeschildert). Die Brücke selbst existiert nicht mehr – schließlich wird sie am Ende des Films ja gesprengt. 35 m hoch und 130 m lang, war sie die bis dahin größte Brückenkulisse der Filmgeschichte.

Doch auch der Fluss selbst, der durch eine herrliche Dschungellandschaft rauscht, zur Regenzeit zum »Wilden Wasser« wird und sich bestens zum White Water Rafing eignet, ist eine Attraktion. Am Wochenende kommen Familien und Freundescliquen, um am Badeplatz beim Rest House ausgelassen zu plantschen. Mit der »Fähre«, einem wackeligen Auslegerboot, kann man zum Dorf auf der anderen Seite des Flusses übersetzen und das Naturschutzgebiet erwandern.

Ca. 70 km westl. von Nuwara Eliya

75, Welimada Rd. • Tel. 0 57-2 26 85 44 • www.olympusplazahotel.com • 30 Zimmer • €€

◎ Horton-Plains-Nationalpark
▸ S. 151, F 21

▸ grüner reisen, S. 20, und S. 120
Eintritt 15 US-$
30 km südl. von Nuwara Eliya

◎ Kitulgala Rainforest Reserve   ▸ S. 147, D/E 16

Ein Naturschutzgebiet Restbeständen der am Regenwald – schön zum Wandern und für Vogelbeobachtungen.

Zugang beim Kitulgala Rest House auf der anderen Flussseite (mit Auslegerboot übersetzen) • geringer Eintritt
70 km westl. von Nuwara Eliya

ÜBERNACHTEN
Kitulgala Rest House

Kultplatz für Kino-Fans • Wo während der Dreharbeiten zum oscarprämierten Filmklassiker »Die Brücke am Kwai« die Stars logierten, übernachten heute Urlauber – und das zu sehr fairen Preisen. Es gibt eine kleine Ausstellung mit Fotos von den Dreharbeiten. Zum Lunch kommen viele Reisegruppen. Den Rest des Tages ist es wunderbar ruhig und friedlich, und im Garten mit Flussblick kann man bestens entspannen, nachdem man sich bei einer der zahlreichen Outdoor-Aktivitäten, die im Ort angeboten werden, ausgetobt hat.

AHN Highway • Tel. 0 36-5 67 23 33 • www.ceylonhotels.lk • 19 Zimmer • €€

Rafters Retreat
▸ grüner reisen, S. 19

SERVICE
WHITE WATER RAFTING

Rafting auf dem Kelani River mit seinen acht rasanten Stromschnellen (Schwierigkeitsgrad 2–3) ist legendär, vor allem nach der Regenzeit im Dezember.

Buchung über Rafters Retreat • Tel. 0 36-2 28 75 98 • www.rafters retreat.com

Wenn die Sonne aufgeht, kann es auf dem Adam's Peak (▶ S. 83), den jeder Singhalese einmal im Leben besteigen sollte, schon mal eng werden.

◎ Sri Pada (Adam's Peak) ✹

▶ S. 151, E 21

5200 Stufen führen auf Sri Lankas heiligen Berg. Pilger und Wanderer erklimmen sie in der Pilgersaison von Dezember bis Mai meist mitten in der Nacht, um den Sonnenaufgang in 2243 m Höhe zu erleben. Vier Stunden dauert der Weg zum Gipfel, auf dem am frühen Morgen ein eisiger Wind pfeift. Das Objekt der Verehrung ist ein überdimensionaler Fußabdruck, den die Buddhisten Buddha, die Hindus Gott Shiva und Christen und Muslime dem Apostel Thomas bzw. Adam zuschreiben. Jeder singhalesische Buddhist sollte den Gipfel einmal im Leben bestiegen haben, entsprechend turbulent kann es an manchen Tagen zugehen.

Nach dem religiösen Spektakel hüllen sich die Gläubigen in Decken und ziehen ihre Mützen tief ins Gesicht, während sie auf ein Naturschauspiel warten: Gegen 6 Uhr kriecht die Sonne hinter dem Horizont hervor, und die Spitze des

MERIAN-Tipp **10**

TEA TRAILS BUNGALOWS

▸ S. 151, E 21

Unter dem Namen Ceylon Tea Trails schlossen sich vier exklusive Kolonialbungalows zusammen, in denen einst die britischen Plantagenmanager residierten. Sie bieten ein Wohnerlebnis der besonderen Art. Vom hauseigenen Butler und Koch werden die Gäste rundum verwöhnt, mit einem eigenen Guide können sie die Gegend erwandern und erradeln, die Teeplantage besichtigen oder den nahen Adam's Peak besteigen.
Nach einem aktiven Tag lockt ein Sprung in den Pool und anschließend der Nachmittagstee mit frisch gebackenen Scones. Natürlich kann man auch den Tag in der klaren Bergluft auf der Terrasse mit grandiosem Blick auf die Teeplantagen und den Castlereagh See genießen. Und wenn es abends in 2000 m Höhe frisch wird, lümmelt man sich im Salon mit einem guten Buch aus der hauseigenen Bibliothek vor den knisternden Kamin.
Bogalantalawa • Tel. 0 11-2 30 38 88 • www.teatrails.com • 4 Häuser mit je 4–6 Zimmern • €€€€

Berges wirft einen Schatten auf die Wolkendecke, in Form eines »magischen« Dreiecks. »Sadhu, sadhu,« (heilig, heilig) rufen die Pilger, während die Touristen ihre Kameras zücken. Ein sportliches und spirituelles Erlebnis.
Ca. 50 km südwestl. von Nuwara Eliya

ÜBERNACHTEN

Slightly Chilled Guesthouse

Für Wanderer • Einfache, aber farbenfrohe und geräumige Zimmer. Restaurant mit internationaler Küche. Gute Ausgangsbasis für die Besteigung des heiligen Bergs.
Dalhousie, Main Rd. • Tel. 0 71-9 09 87 10 • www.slightlychilled.tv • 14 Zimmer • €

Ratnapura   ▸ S. 147, D/E 21

46 000 Einwohner

»Stadt der Edelsteine« lautet Ratnapura übersetzt, und tatsächlich dreht sich hier nicht alles, aber vieles um Saphire, Rubine & Co. Seit der Antike werden die kostbaren Steine in der Region gefördert und gehandelt. Den Schmuckgeschäften (manchmal als »Museen« getarnt) sind oft Schauwerkstätten angegliedert, wo man die Verarbeitung der Steine betrachten und natürlich auch einkaufen kann. Wer sich nicht auskennt, sollte nur in zertifizierten Geschäften kaufen und das Handeln (auch bei Festpreisen) nicht vergessen.
Im Umland stößt man häufig auf Gruben in Reisfeldern, in denen Schürfer wie vor Jahrhunderten mit Hacke und Schaufel die Erde durchwühlen, getrieben von der Hoffnung auf den ganz großen Fund.
Ratnapura ist zudem ein guter Ausgangspunkt für die Erkundung des Sinharaja Rainforest (▸ S. 85) und des Udawalawe-Nationalparks (▸ S. 69).

SEHENSWERTES

Gemmological Museum

Ein Museum, das wirklich eines ist! Das Modell einer Grube veranschaulicht den mühsamen Prozess des Schürfens. Weiterhin sind Kopien berühmter Edelsteine zu sehen – darunter der »Blue Bell of Asia«, ein prächtiger blauer Saphir, der die britische Königskrone schmückt. Angegliedert ist ein Laden.

6, Ehelepola Mawatha • tgl. 8.30–17 Uhr

ÜBERNACHTEN

Ratnaloka Tour Inn

Großzügig • Ältere, aber sehr gepflegte Anlage mit großen Balkonzimmern, schönem Restaurant und riesigem Pool. Ausflüge in die beiden nahe gelegenen Nationalparks Sinharaja und Udawalewe können im Hotel gebucht werden.

Kosagala • Tel. 045-2 22 24 55 • www.ratnaloka.com • 53 Zimmer • €€ 6 km vom Zentrum

Lake Serenity Boutique Hotel

Naturnahes Boutique-Hotel • Umgeben von Reisfeldern, Tee- und Kautschukplantagen. Große Zimmer und Garten mit Pool.

Gonapitiya, Kuruwita • Tel. 0 45-4 92 86 66 • www.lakeserenity.lk • 14 Zimmer • €€

Ziel in der Umgebung

◎ Singharaja Rainforest

▶ S. 147, E 22/23

Sri Lanka war einst komplett mit dichtem Regenwald bedeckt, der längst Rodungen zum Opfer fiel. Heute ist der Sinharaja Forest (»Wald des Löwenkönigs«) das letzte zusammenhängende Regenwaldgebiet (89 qkm) des Landes. Es wurde 1988 auf die UNESCO-Welterbeliste gesetzt.

Der Besuch des Parks ist nur mit Führer erlaubt, was sinnvoll ist – würden doch die meisten Besucher im wahrsten Sinne des Wortes vor lauter Bäumen keinen Wald sehen. Die Artenvielfalt begeistert. Von den insgesamt 211 Baum- und Lianenarten, die in Sri Lanka endemisch sind, sind 139 im Sinharaja Rainforest nachgewiesen. Auch viele der 170 Orchideenarten kommen nur hier vor. Riesige Schmetterlinge und unzählige Vögel setzen Farbtupfer im Grün des Dschungels, und Schlangen und Echsen huschen über die Wege.

Man kann zur Erkundung zwischen drei Wanderwegen wählen, die zwischen 4 und 14 km lang sind. Mindestens drei Stunden sollte man für den Besuch einplanen. Das Regencape gehört unbedingt in den Rucksack, denn der Regenwald macht seinem Namen alle Ehre. Es regnet tatsächlich täglich – nur wer morgens sehr zeitig aufbricht, hat eine Chance, trockenen Fußes zurückzukehren.

Zugang von Süden aus bei Mediripitiya, von Ratnapura kommend bei Kudara • tgl. 8–17 Uhr • Eintritt ca. 1500 Rs., inkl. Führer

ÜBERNACHTEN

Singharaja Garden

▶ grüner reisen, S. 19

The Blue Magpie

Zentrale Lage • Einfache Zimmer, aber nettes Lodge-Ambiente. Vom Restaurant bietet sich ein schöner Blick auf die Teeplantagen und Reisfelder der Umgebung . Badestelle am Fluss. Restaurantservice für Nicht-Hotelgäste nur nach Vorbestellung.

Kudawa, unweit des nördlichen Parkzugangs • Tel. 0 11-7 48 82 88 • www.the-blue-magpie-ratnapura-sri-lanka.lakpura.com • 12 Zimmer • €€

Kulturdreieck/Königsstädte

Nördlich von Kandy taucht man in die lankische Vergangenheit ein. Neben den Ruinen alter Königsstädte faszinieren
lebendige Heiligtümer und eine großartige Natur.

◄ Die Ruvanvelisaya Dagoba (► S. 89) ist der eindrucksvollste Tempelbau in Anuradhapura.

Wenn man von Kandy kommend nordwärts fährt, weicht die üppige tropische Fülle mehr und mehr zurück. In der Trockenzone des Nordens blühte vor mehr als 2000 Jahren die Kultur, hier lagen mit Anuradhapura und Polonnaruwa die ersten Hauptstädte des Landes. In Mihintale wurde erstmals ein einheimischer König mit der neuen, aus Indien kommenden Lehre des Buddhismus konfrontiert, die Sri Lanka bis heute maßgeblich prägt. In Mihintale und Anuradhapura wurden die ersten Dagobas, Reliquienmonumente, die man anderswo Stupas nennt, erbaut. Neben den beiden historischen Hauptstädten zählen auch die Felsenfestung **Sigiriya** und die Höhlentempel von Dambulla zum UNESCO-Weltkulturerbe.

Dass auch in der trockenen Region die Felder reiche Ernte trugen, war einer genialen Idee der alten Könige zu verdanken: Sie ließen Tausende künstlicher Seen (Wewas) ausheben, die den Monsunregen speicherten und – durch Kanäle verbunden – die Reisfelder bewässerten. Mit den alten Königen verschwand das Wissen um die Bewässerungstechnik, aber zumindest ein Teil der Wewas wurde im 20. Jh. reaktiviert. Heute sind der Tissa Wewa bei Anuradhapura oder der Parakrama Samudra bei Polonnaruwa und zahlreiche kleinere Seen für die Landwirtschaft wieder unverzichtbar.

Rund um die Wasserspeicher ist auch eine bunte Tierwelt zu Hause. Unzählige Wasservögel tummeln sich am Wasser, Affen turnen durch

die Bäume, und besonders in der Dämmerung überqueren manchmal Wildelefanten die Straßen. Kein Wunder also, dass in der Region auch einige der interessantesten Nationalparks liegen.

Anuradhapura 7

Stadtplan ► S. 88
50 000 Einwohner   ► S. 143, D/E 7

Die moderne Stadt ist ein quirliges Handelszentrum, aber Besucher aus dem Westen kommen auf der Suche nach der großen Vergangenheit hierher. Über 1000 Jahre lang, vom 3. Jh. v. Chr. bis ins frühe 11. Jh., war Anuradhapura die erste Hauptstadt Sri Lankas.

Im Zentrum der Stadt stand der heilige Bodhibaum, ein Ableger jenes indischen Pappelfeigenbaums, unter dem Siddhartha Gautama zu Buddha, dem Erleuchteten, wurde. Um das Wallfahrtsziel herum reckten sich stolze Dagobas himmelwärts, und mehr als 7000 Mönche lebten in den zahlreichen Klöstern.

An die 100 000 Menschen zählte die hochzivilisierte Stadt, die 1017 von tamilischen Truppen zerstört und von den Bewohnern verlassen wurde. Danach nahm der Dschungel fast ein Jahrtausend lang von den Ruinen

Besitz, bis zu Beginn des 20. Jh. britischen Archäologen die Überreste ausgruben und erforschten.

Seit 1982 zählt die Ausgrabungsstätte zum UNESCO-Weltkulturerbe. Sie ist nach wie vor ein lebendiger Wallfahrtsort, und der heilige Bodhi-baum wird wie ein Schatz gehütet. Er ist nachweislich mehr als 2000 Jahre alt und damit der älteste historisch dokumentierte Baum der Welt.

SEHENSWERTES

Historisches Anuradhapura

▸ S. 88

Das Ausgrabungsgelände ist weitläufig und kann per Auto, Tuk-Tuk oder mit dem Fahrraderkundet werden. Einen halben Tag sollte man für die Besichtigung einplanen.

Thuparama Dagoba

▸ S. 88, a 2

Als der Mönch Mahinda im 3. Jh. v. Chr. den Buddhismus nach Sri

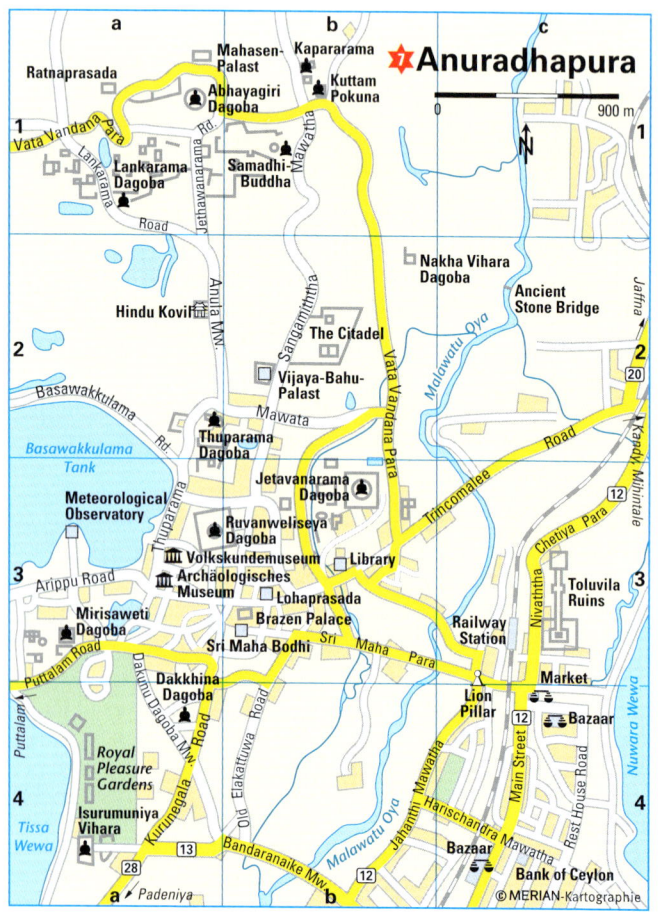

Lanka brachte, war Anuradhapura kaum mehr als ein Dorf. Doch bald entstand das erste Gebäude aus Stein – die zierliche Thuparama Dagoba, die im Lauf der Jahrhunderte mehrfach ihre Form verändete. Ob sie tatsächlich eine heilige Reliquie, einen Splitter von Buddhas Schlüsselbein, enthält, wird wohl immer ungeklärt bleiben. Im Lauf der Jahrhunderte entwickelte sich Anuradhapura zum »Rom des buddhistischen Glaubens«. Die Mönche gewannen zusehends an Macht und bezogen prächtige Klöster.

Ruvanvelisaya Dagoba ▸ S. 88, a 3

Mitte des 2. Jh. v. Chr. entstand der bedeutendste Klosterkomplex, Mahavihara, mit der mächtigen Ruvanveli Dagoba. Die Mauer rund um das Heiligtum schmückt ein Fries mit 338 Elefanten. Der mehrfach restaurierte Bau ragt heute mehr als 100 m hoch auf.

Loha Prasada ▸ S. 88, b 3

Der Palast Loha Prasada ist eine der eindrucksvollsten Ruinen: 1600 Säulen erinnern an den Königspalast, der alten Quellen zufolge ehemals neun Stockwerke mit je 100 Zimmern besaß. In der Chronik »Mahavamsa« wird er als ein Weltwunder mit einem bronzenen Dach und Verzierungen aus Edelsteinen beschrieben. Das kostbare Baumaterial war übrigens religiöser Architektur und dem Königspalast vorbehalten, weshalb wir wenig über die Lebensverhältnisse der Bevölkerung wissen.

Sri Maha Bodhi ▸ S. 88, a 4

Das Archäologische Museum mit Modellen, Buddhastatuen, Bronzefunden und Steinfriesen lohnt einen Besuch, bevor man sich ehrfurchtsvoll Sri Maha Bodhi nähert. Die indische Prinzessin Sanghamitta, Tochter des Kaisers Ashoka, brachte den Ableger des Baumes, unter dem Buddha erleuchtet wurde, vor fast 2500 Jahren auf die Insel. Der altersschwache Baum ist von einem Zaun umgeben und muss von einem Gerüst gestützt werden. Sehr lebendig ist dagegen bis heute die Verehrung der Gläubigen, die Opfergaben niederlegen, Öllampen entzünden und Gebete murmeln.

Wer noch Zeit und Ausdauer hat, sollte die Juwelen des Abhayagiri-Komplexes im Norden des Ausgrabungsgeländes besuchen: der Samadhi-Buddha ist nur etwa 2 m hoch, aber der Erleuchtete in Meditationspose aus dem 4. Jh. gehört zweifellos zu den schönsten Buddha-Statuen des Landes.

Mondstein ▸ S. 88, a 1

Sehenswert ist auch der Mondstein vor dem Mahasena-Palast. Damit ist hier nicht der schimmernde Halbedelstein gemeint, sondern eine halbrunde Steinplatte, die den Übergang von der weltlichen in die geistliche Welt markiert. Lodernde Flammen symbolisieren das menschliche Verlangen, Elefant, Pferd, Löwe und Stier die vier Leidensstationen des Lebens: Geburt, Alter, Krankheit und Tod. Gänse stehen für die Suche nach Wahrheit und Überwindung der Begierde und die Lotosblüte im Zentrum schließlich für Reinheit.

Der schönste Platz für eine Stärkung nach der Besichtigung ist das Tissawewa Rest House (▸ S. 90).

Tgl. 6–18 Uhr • Eintritt 25 US-$, Kinder 12,50 US-$

Die Tempel von Anuradhapura (▶ S. 88), hier der Isurumuniya-Tempel, sind mit unzähligen Bildnissen des Erleuchteten versehen.

ÜBERNACHTEN

Palm Garden Village Hotel

▶ S. 88, südwestl. a 4

Gartenparadies • Einige Zimmer brauchen dringend einen frischen Anstrich, aber die Anlage ist traumhaft: Die Bungalows liegen inmitten eines herrlichen Gartens und bieten direkten Zugang zum See, an dem sich manchmal abends Elefanten treffen. Für Erfrischung sorgt ein großer Pool.
Pandulagama, Puttalam Rd. • Tel. 0 25-2 22 39 61 • www.palmgarden village.com • 50 Zimmer • €€€

Tissawewa Rest House

▶ S. 88, a 3

Kolonialambiente • In unmittelbarer Nähe der Ausgrabungsstätte liegt dieses Kolonialjuwel in einem herrlichen Park. Einige Zimmer sind renoviert, andere in die Jahre gekommen und dementsprechend stilvolle Orte für Nostalgiker. Wunderbar sitzt man auf der Veranda am See wie einst Elizabeth II. auf Staatsbesuch. Der altersschwache Deckenventilator rührt die tropenschwüle Luft, und bei so viel Old-World-Charme ist das Essen – ordentliches Rice & Curry oder Sandwiches – fast nebensächlich.
Old Puttalam Rd. • Tel. 01 17-48 82 88 • www.tissawewaresthouse anuradhapura.com • 18 Zimmer • €€€

Galway Miridiya Lodge

▶ S. 88, c 4

Am Seeufer • Kein Schmuckstück, aber ein Haus mit soliden Zimmern, Pool im Garten und einigen Spazierwegen am See Nuwara Wewa entlang – und das alles zu einem sehr fairen Preis.
Wasaladantha Mawatha • Tel. 025-7 21 36 26 • www.galway.lk • 40 Zimmer • €€

Randiya ▸ S. 88, C 4

Solide und kompakt • Kleines Hotel mit tadellosen Zimmern, kleinem Garten und großem Service. Ein Swimmingpool ist in Planung. Ausflüge in die historische Stadt werden organisiert.

394/19A, Muditha Mawatha • Tel. 0 25-2 22 28 68 • www.hotelrandiya. com • 14 Zimmer • €

ESSEN UND TRINKEN

▸ Tissawewa Rest House, S. 90

Ziele in der Umgebung
◎ Kloster Mihintale

▸ S. 143, E 7

Viele fahren auf dem Weg nach Anuradhapura achtlos an Mihintale vorbei. Dabei ist der Platz für die Buddhisten Sri Lankas von großer Bedeutung. Nachdem der indische König Ashoka Buddhist geworden war, entsandte er den Mönch Mahinda mit Missionsauftrag nach Sri Lanka. In Mihintale weihte dieser den einheimischen König Devanampiya Tissa (3. Jh. v. Chr.) in die Lehre des Erleuchteten ein, die bis heute das Leben auf der Insel in jeder Hinsicht prägt.

SEHENSWERTES

In der Nähe des Parkplatzes gruben Archäologen Reste von Klostergebäuden aus. Besonders beeindruckend sind Steinwannen, die zu einem Mönchsspital gehörten.

Auf einer breiten Freitreppe mit 1800 aus dem Fels geschlagenen Stufen, gesäumt von duftenden Frangipani-Bäumen, steigt man aufwärts. Auf mittlerer Ebene kann man verschnaufen und Ausgrabungen von weltlichen Klostergebäuden wie einem Speisesaal mit einer riesigen Reiswanne und Dagobas aus der Frühzeit des Buddhismus, die vermutlich aus dem 1. Jh. n. Chr. stammen, erkunden.

Auf der obersten Ebene erinnert eine schneeweiße Dagoba mit Reliquien Mahindas, umringt von Kokospalmen, an die Anfänge des Buddhismus in Sri Lanka. Hier befindet sich auch heute noch ein Kloster.

Wer des Kletterns noch nicht müde ist, erklimmt den Sila-Felsen, wo das vermeintliche Treffen zwischen König und Mönch stattfand, und genießt den spektakulären Ausblick. Zum Juni-Vollmond ist Mihintale Ziel einer großen Wallfahrt.

Eintritt 500 Rs.

13 km östl. von Anuradhapura

◎ Wilpattu-Nationalpark ♂♀

▸ S. 142, B 6/7

168 Elefanten, mehr als 40 Leoparden, Sambarhirsche und viele andere Tiere tummeln sich an den 42 Wasserstellen des Parks. Auf Jeep-Safaris kann man den größten Nationalpark des Landes, der erst 2010 wiedereröffnet wurde, erkunden.

Tgl. 7–18 Uhr • Eintritt 15 US-$, Kinder 8 US-$

20 km westl. von Anuradhapura

ÜBERNACHTEN
Leopard Den

Ideale Basis für den Nationalparkbesuch • Funktionales, kleines Hotel mit kargen, aber sauberen Zimmern. Besuche des nahe gelegenen Nationalparks werden mit dem hauseigenen Jeep organisiert (5000 Rs./ halber Tag)

Pahalamaragahawewa, Wilpattu Junction • Tel. 0 25-32 5 91 28 • www.wilpattuleopardden.com • 12 Zimmer • €

Dambulla ▶ S. 147, F 13

65 000 Einwohner

Die geschäftige Handelsstadt lädt zu einem Marktbummel ein, aber Besucher kommen vor allem wegen des Höhlentempels, der seit 1991 zum UNESCO-Welterbe zählt.

SEHENSWERTES

Höhlentempel ▶ S. 147, F 13

Unzählige Buddhas, gemalt und gemeißelt, erzählen hier die Geschichte des Buddhismus in Sri Lanka. Die Höhlen von Dambulla stehen auf dem Programm der meisten Reisegruppen, sind aber auch nach wie vor ein Pilgerziel.

Bereits vor mehr als 2000 Jahren lebten in den Höhlen Mönche. Zu Kulträumen wurden sie von König Vatta Gamani Abhaya ausgestattet, der im 1. Jh. v. Chr. bei den Mönchen Unterschlupf fand, als Tamilen ihn aus seiner Hauptstadt Anuradhapura vertrieben. Im Laufe der Jahrhunderte stifteten einige seiner Nachfolger Statuen und machten Dambulla zum beliebten Wallfahrtsziel. Zu besichtigen sind heute fünf Höhlentempel mit rund 130 Buddhastatuen und Gemälden aus unterschiedlichen Jahrhunderten.

Die beste Zeit für einen Besuch sind der frühe Morgen und der späte Nachmittag, wenn die Temperaturen angenehm sind und der Ort ohne Touristenrummel seine ganz besondere Atmosphäre entfaltet. Es gilt, sich dem Heiligtum langsam und ehrfurchtsvoll in einem etwa 20-minütigen Fußmarsch bergauf, teilweise über Felsstufen, zu nähern. Der Lohn für den vergossenen Schweiß ist ein grandioser Blick über den Dschungel – bei guter Sicht bis zum Felsen von **Sigiriya** 🔶.

In der ersten Höhle meißelten Steinmetze wahrscheinlich schon in vorchristlicher Zeit einen 14 m langen liegenden Buddha aus dem Stein. Sein Kopf ruht auf einem Lotuskissen, zu seinen Füßen steht sein Lieblingsjünger Ananda.

Die zweite Höhle ist die größte und prächtigste. An die 60 Buddhastatuen beeindrucken neben einem Abbild des Stifterkönigs Vattagamani Abhaya und des Hindugottes Vishnu. Die Ausleuchtung der Höhle ist spärlich – es lohnt sich, eine Taschenlampe einzupacken! Zu bewundern gibt es farbenfrohe Decken- und Wandmalereien, die Geschichten aus dem Leben Gautama Buddhas erzählen. Besonders eindrucksvoll sind die Szenen in der Nähe des Eingangs, die Buddha zeigen, kurz bevor er die Erleuchtung erlangt. Mara, der Herr des Bösen, will dies verhindern: Er lässt Pfeile auf den unter dem Bodhibaum Meditierenden schießen und schickt leicht bekleidete Damen, um den Mönch zu verführen. Von Buddha besiegt, stürzt er von seinem schwarzen Elefanten.

Auch die dritte Höhle beherbergt fast 60 Buddhastatuen, die mehrheitlich aus dem 18. Jh. stammen. Die beiden letzten Höhlen zeigen jüngere, aber nicht minder eindrucksvolle Werke.

Tgl. 7–18.30 Uhr • Eintritt 1300 Rs.

ÜBERNACHTEN

Heritance Kandalama

▶ grüner reisen, S. 19   ▶ S. 147, F 13

Ziele in der Umgebung

◎ Aukana Buddha ▶ S. 143, E 8

Äußerst beeindruckend und mit erhabener Ausstrahlung erhebt sich die

12 m hohe Buddhafigur von Aukana, die vermutlich im 5./6. Jh. n. Chr. aus der Felswand geschlagen wurde und für viele zu den schönsten des Landes zählt. Der Erleuchtete, der im Ur-Buddhismus nie als Gott, sondern als großer Lehrer verstanden wird, strahlt wahrhaft göttliche Ruhe aus und erhebt die rechte Hand als Geste der Furchtlosigkeit. Wunderschön gearbeitet ist der Faltenwurf der Robe.

Eintritt 500 Rs.

30 km nordwestl. von Dambulla

◎ Habarana   ▶ S. 143, F 8

7500 Einwohner

Habarana ist weniger eine gewachsene Ortschaft als ein Verkehrsknotenpunkt mit einigen attraktiven Unterkünften, die sich gut als Ausgangspunkte für die Erkundung des Kulturdreiecks eignen.

30 km nordöstl. von Dambulla

ÜBERNACHTEN

Cinnamon Lodge

Naturparadies • Affen turnen durch die Bäume, aber auch Mungos, Flughunde und unzählige Vögel bevölkern den riesigen Park mit See, in den die Hotelanlage eingebettet ist. Im Open-Air-Restaurant verwöhnen ausladende Buffets mit Köstlichkeiten aus Ost und West. Nouvelle Cuisine à la Sri Lanka wird à la carte im The Lotus serviert, Sri Lankas erstes Restaurant mit Bio-Küche. Die Zimmer verteilen sich auf doppelstöckige Häuser mit Balkons oder Terrassen, sind geschmackvoll eingerichtet und bestens in Schuss. Zur Entspannung nach den Besichtigungen laden ein riesiger Pool und ein Spa ein. Ein umfangreiches Aktivprogramm mit Nature Walks, Bird Watching und Elefanten-Safaris sorgt schließlich dafür, dass garantiert keine Langeweile aufkommt.

Ein Mönch zu Füßen des monumentalen Aukana Buddha (▶ S. 92). Der Sockel der direkt aus dem Fels geschlagenen Statue wurde nachträglich angebracht.

Tel. 0 11-2 30 66 00 • www.cinnamon hotels.com • 133 Zimmer • €€€

Chaaya Village

Entspannung garantiert • Der Zimmerstandard ist etwas niedriger als in der benachbarten Cinnamon Lodge, ein Umstand, dem aber auch die Preise Rechnung tragen. Die Lage inmitten einer Gartenanlage ist nicht minder grandios. Safaris in die nahen Nationalparks, Fischzüge mit einheimischen Fischern, Ausflüge auf dem Elefantenrücken und mehr werden organisiert.
Tel. 011-2 03 66 00 • www.chaaya hotels.com/ChaayaVillage.htm • 106 Zimmer • €€

ESSEN UND TRINKEN
ACME Transit Hotel

Bestes Curry • Das Hotel ist zum Übernachten nicht unbedingt eine Empfehlung, und die Atmosphäre im großen Speisesaal, der von Reisegruppen nur so wimmelt, ist wenig anheimelnd. Dafür ist das Rice-and-Curry-Buffet über die Stadtgrenzen hinaus berühmt. Vor allem die vegetarischen Varianten verlocken zum Probieren: Bananenblütencurry, Rote-Bete-Curry oder Bittergurkencurry findet man schließlich auf kaum einem Hotelbuffet.
90, Polonnaruwa Rd. • Tel. 0 66-2 27 02 80 • €€

SERVICE
HABARANA AYURVEDIC SPA

Eine ayurvedische Massage gehört zu den Dingen, die zu einem Sri-Lanka-Besuch einfach dazugehören. Das Habarana Ayurvedic Spa bietet erstklassige Massagen, die preislich deutlich unter jenen in den Hotel-Spas liegen.
Anuradhapura Rd. 97 • Tel. 0 77-7 59 90 39 • €

Der Sigiriya Rock (▶ S. 95) ist ein gigantischer Block aus erkalteter Magma, der sich 200 m über den umliegenden Dschungel erhebt.

◎ Sigiriya 🎱   ▶ S. 143, F 8

Fast 200 m hoch ragt der Monolith Sigiriya aus der Ebene auf – schon von der Ferne ein faszinierender Anblick. Der Name leitet sich von »Siha Giri« ab, was Löwenfelsen bedeutet. Auf schmalen Treppen kann man ihn bezwingen und bis hoch oben zum Plateau steigen, auf dem im Jahr 473 Kassapa, der uneheliche Sohn König Dhatusenas, seine Festung errichtete. Um die Macht über das Reich an sich zu reißen, ließ er seinen Vater lebendig einmauern und vertrieb seinen Halbbruder, den rechtmäßigen Thronerben. Sage und schreibe 18 Jahre lang verschanzte er sich in der Feste auf dem Felsen, bis ihn der Bruder herausforderte. Ob Kassapa sich vom Fels in die Tiefe stürzte oder anders zu Tode kam, wird Gegenstand von Spekulationen bleiben.

Wer den Felsen entspannt und ohne Gedränge besichtigen möchte, sollte möglichst früh vor den Reisegruppen kommen. Für die Besichtigung sollte man insgesamt 2–3 Stunden einplanen.

Um den Felsen herum entstand zur Regierungszeit Kassapas eine Stadt mit Zitadelle und königlichen Gärten. Letztere wurden teilweise restauriert, und man passiert sie auf dem Weg zum Haupteingang.

Auf Stufen zwischen Felsblöcken und eisernen Stegen steigt man stetig bergauf. Nach schweißtreibendem Aufstieg erreicht man ein Plateau, wo man pausieren kann, bevor man das letzte Teilstück in Angriff nimmt. Der Weg zum Gipfel beginnt am Löwentor, von dem heute nur noch die gewaltigen steinernen Pranken erhalten sind. Auch die Felsfestung ist längst verfallen, doch der Weitblick auf die Dschungellandschaft entschädigt für alle Mühen des Aufstiegs.

Den zweiten Höhepunkt Sigiriyas sollte man sich für den Abstieg aufbewahren: die »Wolkenmädchen« – verführerische Schönheiten, die unbekannte Künstler in eine Felsnische malten und die die Besucher bis heute bezirzen. Die Fresken der barbusigen jungen Frauen mit Modellfigur – 22 von einst wohl 500 blieben erhalten – geben bis heute Rätsel auf. Wurden hier himmlische Nymphen, Prinzessinnen oder gar Dienerinnen porträtiert? Sicher ist jedoch, dass schon in alter Zeit Besucher ihre Schönheit rühmten, was Felsgraffitis auf der spiegelglatt polierten Wand beweisen.

Tgl. 7.30–18 Uhr • Eintritt 30 US-$, Kinder 15 US-$
20 km nordöstl. von Dambulla

ÜBERNACHTEN

Vil Uyana

Für besondere Momente zu zweit • Über den umliegenden Reisfeldern und einem künstlichen See scheinen die luxuriösen Cabanas mit mehreren Ebenen und Plunge-Pool förmlich zu schweben. Ein Platz, um Stille und Natur zu genießen. Im Spa streicheln geschickte Hände den Stress aus dem Körper, und nachts quaken Frösche die Gäste in den Schlaf. Ein traumhafter Ort.
Rangirigama • Tel. 0 66-4 92 35 85-6 • www.jetwinghotels.com • 25 Zimmer • €€€€
6 km östl. von Sigiriya

Sigiriya Village Hotel

Mit Blick auf den Sigiriya-Felsen • Die Anlage aus den frühen Jahren des Tourismus in der Region ist im-

mer noch gut in Schuss. Zwar könnten viele der Zimmer ein frisches Styling vertragen, aber der schöne Park, der Pool mit Blick auf den Felsen und das gute Preis-Leistungs-Verhältnis machen das Hotel zu einer ausgezeichneten Wahl.
Hotel Rd. • Tel. 011-2 38 16 44 • www.sigiriyavillage.com • 120 Zimmer • €€

Travel House

Relaxen im Garten • Die einfachen Zimmer verteilen sich auf drei Bungalows in einem weitläufigen Garten, wo sich Nashornvögel, Paradiesvögel und anderes Federvieh tummeln. Sehr entspannte Atmosphäre und nette Gastgeber. Der Felsen von Sigiriya liegt in Fußnähe (1,5 km).
Ehelagala Rd. • Tel. 0 71-64 00 53 5/6 • 6 Zimmer • €

Polonnaruwa ▶ S. 148, A 17

15 000 Einwohner
Verschlafen und provinziell präsentiert sich Polonnaruwa heute – im sri-lankischen Mittelalter lag hier das Zentrum des Reiches. Nach der Zerstörung Anuradhapuras durch Tamilen verlegte König Vijaya Bahu seine Hauptstadt in den Osten des Landes. Ihre Blütezeit erlebte die Stadt unter seinem Nachfolger Parakrama Bahu. Doch immer wieder kam es zu tamilischen Übergriffen, und 1314 wurde die Hauptstadt aufgegeben. Ähnlich wie Anuradhapura fiel sie in einen Dornröschenschlaf und wurde erst im 19. Jh. von britischen Archäologen wieder wach geküsst.
Reisegruppen besuchen Polonnaruwa meist in einem Halbtagesausflug von Sigiriya oder Habarana aus. Es lohnt sich aber, zwei Nächte in

Polonnaruwa zu verbringen, um die Ausgrabungsstätte und die Landschaft ringsum entspannt zu genießen.
Viele Hotels liegen im Bereich des Stausees Parakrama Samudra, der während der Regierungszeit von König Parakrama Bahu I. (1153–1186) ausgehoben wurde und bis heute die Reisfelder der Umgebung mit Wasser versorgt. Der König war ein Visionär, der das Bewässerungssystem der alten Könige weiter ausbaute und seinem Staat auf diese Weise zu Wohlstand verhalf. Der See ist ein wunderbarer Ort, um Morgen- und Abendstimmungen zu erleben.

WUSSTEN SIE, DASS …

… ein Mondstein in Sri Lanka zum einen ein Bildteppich ist, der den Übergang in die geistige Welt markiert, zum anderen ein milchigweißer Halbedelstein?

SEHENSWERTES
Archäologischer Park

Für die Besichtigung sollte man mindestens einen halben Tag einplanen – am schönsten ist die Erkundung mit dem Fahrrad (▶ S. 117).
Etwas abseits vom eigentlichen Ausgrabungsgelände erhebt sich die Monumentalstatue eines bärtigen Mannes mit freiem Oberkörper und einem Joch in Händen. Ob es sich um die Darstellung eines Weisen oder ein Porträt von König Parakrama Bahu handelt, ist unklar. Die Ziegelruine nebenan gehörte zum Kloster Potgul Vihara. Möglicherweise beherbergte der kreisrunde Bau eine Bibliothek, in der heilige Palmblattmanuskripte gehütet wurden.

Ab vom Schuss: Das Hotel Vil Uyana (▶ S. 95) ist eine Oase der Ruhe, die man nach der Besteigung des Sigiriya Rock auch verdient hat.

Im **Archäologischen Museum** am See (tgl. 8–17 Uhr), das man vor der weiteren Besichtigung besuchen sollte, zeigen hölzerne Modelle einige Gebäude sehr anschaulich in ihrem ursprünglichen Zustand. Statuen und Reliefs aus Palästen und Klöstern zeugen von der hohen Kunstfertigkeit der Steinmetze.

Innerhalb der Mauer der mittelalterlichen Stadt liegen die Überreste des **Palasts von Parakrama Bahu I**. Nebenan in der Ratshalle wurden die Geschicke des Staates diskutiert und Entscheidungen getroffen. Bis heute beeindrucken Friese mit Elefanten, Löwen und Fabelwesen, die sich um den Sockel ziehen. Eine Kopie des Königsthrons steht heute an der Stelle des Originals, das sich im Nationalmuseum in Colombo befindet.

Nördlich der Residenz liegt auf einer ummauerten Terrasse das »heilige Viereck«. Dominantes Gebäude ist der runde Vatadage, ein Reliquienhaus, das man (barfuß) über einen halbkreisförmigen Mondstein

Gal Vihara (▶ S. 98), ein Ensemble aus vier Buddhastatuen, ist ein magischer Ort und Höhepunkt der Besichtigung von Polunnaruwa.

betritt. Im Zentrum gruppieren sich um eine Dagoba vier Buddhastatuen in Meditationshaltung. Gleich zwei Zahntempel gibt es im heiligen Bezirk: Die wichtigste Reliquie des Landes, der Eckzahn Buddha, wurde zunächst im Atadage, später im benachbarten Hatadage aufbewahrt, bevor er in den **Sri Dalada Maligawa (Zahntempel)** 🔳 nach Kandy verbracht wurde. Bemerkenswert ist ein überdimensionales, 8 m langes Palmblatt-Manuskript aus Stein. Im größten Klosterkomplex der Stadt ragt die Ziegelruine des **Statuenhauses Lankatilaka** (»Juwel Lankas«) beeindruckende 16 m hoch auf. Im Innenraum fühlt man sich an das Schiff einer christlichen Kathedrale erinnert, aber der Schmuck ist ganz und gar indisch. Sehenswert: die Wächterstelen und hinduistische Fresken. An die einstige Funktion des Bauwerks erinnert nur noch ein

riesiger Buddhatorso. Kiri Vihara, die milchweiße Dagoba, wurde einst mit Muschelkalk verputzt und beeindruckt auch nach Jahren durch ihre Eleganz.

Den Höhepunkt sollte man sich für den Schluss aufheben: **Gal Vihara**, ein Ensemble aus vier Buddhastatuen voller Harmonie und überirdischer Schönheit, meißelten kunstfertige Steinmetze im 12. Jh. aus dem harten Granit. Sie zählen zu den Meisterwerken buddhistischer Kunst. Neben zwei meditierenden Buddhas erhebt sich eine 7 m hohe, stehende Figur mit lässig verschränkten Armen – eine Haltung, die in der buddhistischen Kunst ohne Vorbild ist. Ob es sich um eine Darstellung Buddhas oder seines Lieblingsjüngers Ananda handelt, ist umstritten. Ganz rechts schließlich beeindruckt der 14 m lange liegende Buddha, der den Erleuchteten beim

Eingang ins Nirvana zeigt. Gal Vihara ist ohne Frage ein ganz besonderer Ort, dessen ganze Faszination sich den Glücklichen erschließt, die vor den Reisegruppen eintreffen.
tgl. 7.30–18.30 Uhr • Eintritt 25 US-$, Kinder 12,50 US-$

ÜBERNACHTEN

The Deer Park   ▸ S. 144, A 12

Duschen unter dem Sternenhimmel • In Seenähe und mitten in der Natur – das elegante Hotel ist ein luxuriöser Ausgangspunkt für die Erkundung Polonnaruwas und der Nationalparks der Region. Großzügige Cottages mit stylishen Open-Air-Badezimmern. Im Spa relaxen, auf Dschungelsafaris gehen oder im Heißluftballon den Dschungel überschweben – Langeweile kommt bestimmt nicht auf. Besonders romantisch speist man hoch oben in den Bäumen im Restaurant Tree Tops.
Giritale • Tel. 0 27-2 24 62 72 • www.deerparksrilanka.com • 77 Cottages • €€€€
15 km nordwestl. von Polonnaruwa

Polonnaruwa Rest House
                                 ▸ S. 148, A 17

Im Bett der Queen schlafen • 1870 erbaute man das kleine Government Rest House für Regierungsbeamte direkt am See; für den Besuch der jungen Elizabeth II. von England wurde es 1954 erweitert. Die Zimmer sind einfach – auch das Gemach der Queen punktet vor allem durch seine Größe –, aber die Lage am See ist bezaubernd. Auf der Veranda kann man beim Tee wunderbar die Zeit vergessen. Im Restaurant servieren weißbeschürzte Kellner solides Rice & Curry.

Am See • Tel. 0 27-2 22 22 99 • www.ceylonhotels.lk • 10 Zimmer • €€

Siyanco Holiday Resort
                                 ▸ S. 148, F 8

Ausgezeichnetes Preis-Leistungs-Verhältnis • Angenehme Zimmer und freundliche Atmosphäre zwischen See und Ausgrabungsstätte. Für Erfrischung sorgt ein Pool. Das alles zu einem attraktiven Preis – was will man mehr?
1st Canal Rd. • Tel. 0 27-2 22 68 68 • www.siyancoholidayresort.com • 52 Zimmer • €

Ziele in der Umgebung

◎ **Giritale**   ▸ S. 144, A 12
Rund um den See Giritale Wewa liegt ein Naturschutzgebiet, das man mit dem Fahrrad erkunden kann.
15 km nordwestl. von Polonnaruwa

◎ **Kaudulla-Nationalpark** 👣
                                 ▸ S. 144, A 12
Sri Lankas jüngster Nationalpark rund um den Kaudulla Wewa beherbergt viele Vogel- und Säugetierarten. Elefanten sind auch hier sehr zahlreich vertreten.
Tgl. 6–18 Uhr • Eintritt 15 US-$, Kinder 7,50 US-$
25 km nordöstl. von Polonnaruwa

◎ **Minneriya-Nationalpark** 👣
                                 ▸ S. 144, A 12
Am und im See Minneriya Wewa tummeln sich Wasservögel, Wildelefanten und Sambarhirsche. Besonders in der Trockenzeit von Juni bis Oktober finden sich zahlreiche Elefanten ein, da sie hier noch genügend Wasser finden.
Tgl. 6–18 Uhr • Eintritt 15 US-$, Kinder 7,50 US-$
20 km nordwestl. von Polonnaruwa

Jaffna-Halbinsel und Ostküste

An den weißen Puderzuckerstränden des tamilischen Nordens und Ostens Sri Lankas sonnen sich nach dem Ende des Bürgerkriegs endlich wieder die Touristen.

◄ Am Nilaveli Beach (► S. 109) halten Fischer nach dem nächtlichen Fischzug ein Pläuschchen.

Jaffna-Halbinsel und die Ostküste

Kulturdreieck/ Königsstädte

Colombo und die Westküste

Kandy und das Hochland

Galle und die Südküste

Nur die 30 km breite Palkstraße trennt die Jaffna-Halbinsel im äußersten Norden Sri Lankas von Indien – Colombo ist hier zehnmal so weit entfernt wie der große Nachbar. Landschaftlich haben die trockenen Ebenen des Nordens wenig mit dem tropischen Süden des Landes gemein, und auch kulturell trennen Welten die beiden Inselhälften. In Jaffna und den umliegenden Ortschaften setzen bunte Hindutempel, aber auch Kirchtürme, statt schneeweißen buddhistischen Dagobas die Akzente. Im Norden Sri Lankas leben fast ausschließlich Tamilen, und hier tobte der Krieg, dessen Wunden nur langsam verheilen, vor allem in den Seelen der Menschen.

Der Osten der Insel ist tropengrün – grün wie die fruchtbaren Reisfelder und die Kokosplantagen, die entlang der Küste für reiche Ernten sorgen, und grün wie die Hoffnung auf den Aufschwung, der hier nach vielen düsteren Kriegsjahren tatsächlich auch anzukommen scheint.

Leben im Nordosten rund um Trincomalee mehrheitlich hinduistische Tamilen, hört man weiter südlich immer häufiger den Ruf des Muezzins. Der Lebensrhythmus ist überall noch sehr entspannt: Zeburinder, Wasserbüffel und Ziegen überqueren im Zeitlupentempo die Straße, das dezente Klingeln der Fahrräder ist noch häufiger zu hören als das nervende Hupen von Autos oder Motorrädern.

Doch seit der Bürgerkrieg vorüber ist, hat die Geschichte gehörig an Tempo zugelegt. An den feinsan-

digen Traumstränden wird eifrig gebaut. Eine ganze Generation junger Menschen in dieser strukturschwachen Agrarregion setzt ihre Hoffnung auf den Ausbau eines (hoffentlich) sanften Tourismus.

Jaffna
► S. 140, B 1

85 000 Einwohner

Noch ist die Hauptstadt der Nordprovinz vom Bürgerkrieg schwer gezeichnet. Viele der einst prächtigen Kolonialgebäude liegen in Trümmern und werden von der Vegetation überwuchert, von anderen blättert der Putz. Doch auf dem Markt wird bereits wieder lebhaft gehandelt. Eine touristische Infrastruktur ist noch kaum vorhanden – die Bewohner Jaffnas, meist tamilische Hindus, nehmen Besucher jedoch freundlich und neugierig auf und freuen sich über ihr Interesse.

Die Hauptstadt des unabhängigen tamilischen Königreichs Jaffna wurde von den Kolonialmächten – erst Portugal, dann die Niederlande und schließlich Großbritannien – erobert und ausgebaut.

Nach der Unabhängigkeit wurde Jaffna zum Zentrum des tamilischen Widerstands gegen die Regierung in Colombo, die Singhalesen klar bevorzugte und damit den Konflikt zwischen den Bevölkerungsgruppen schürte. Viele Tamilen aus anderen Landesteilen flohen nach Pogromen nach Jaffna, doch mehr und mehr wurde die Stadt selbst, bis 1995 Sitz des Hauptquartiers der LTTE, Schauplatz von Kriegshandlungen. Fast 100 000 kostbare Palmblattmanuskripte verbrannten in der berühmten Bibliothek, die 2004 wiedereröffnet wurde; das sternförmige Fort, das als bestes Beispiel niederländischer Militärarchitektur in Sri Lanka gilt, ist militärisches Sperrgebiet.

SEHENSWERTES

Nallur Kandaswammy Kovil

Im größten Hindutempel Sri Lankas verehren Gläubige seit mehr als 1000 Jahren den Kriegsgott Skanda. Die Singhalesen und später die Portugiesen brannten den Tempel bis auf die Grundmauern nieder, in seiner heutigen Form stammt er aus der Mitte des 18. Jh. Nach südindischer Tempelbautradition bekrönt ein Torturm (Gopuram) den Eingang. Der Neubau des Turms aus dem Jahr 2011 ist anders als die meisten Gopurams nicht bunt, sondern terrakottafarben. Besonders stimmungsvoll ist ein Besuch zur Puja, ein vierwöchiges Fest mit feierlicher Prozession im Juli/August.

Temple Rd./Point Pedro Rd. • tgl. 4.30–18 Uhr

ÜBERNACHTEN

Hotel Lux Etoiles

Beste Wahl in Jaffna • Die Zimmer sind recht klein, aber komfortabel. Man ist auf westliche Besucher eingestellt, und der Service stimmt. Herzhafte Jaffna-Küche – unbedingt das Garnelencurry probieren!

Einen Cutback in Perfektion zeigt dieser Surfer in Arugam Bay (▶ S. 103), dem Mekka der Wellenreiter an Sri Lankas Ostküste.

34, Chetty Street Lane • Tel. 0 21-2 22
39 66 • www.luxetoiles.com • 24 Zimmer • €€

Blue Haven

Netter Service • Die Zimmer des
kleinen Hotels könnten etwas mehr
Aufmerksamkeit gebrauchen, aber
der Service ist liebevoll, das Essen
würzig und schmackhaft.
70, Racca Rd. • Tel. 0 21-2 22 99 58 •
www.bluehavenjaffna.com • 9 Zimmer • €

Malayan Café

Authentische Jaffna-Küche • Gegenüber vom Markt werden Snacks
und vegetarische Hauptgerichte, die
stark an südindische Klassiker erinnern, stilecht auf dem Bananenblatt
serviert.
36–38 Grand Bazaar • €

Mangos

Volkstümlich • Ausgezeichnete in-
disch-vegetarische Küche in einem
einfachen Lokal in Tempelnähe.
Nallur, 359/3 Temple Rd. • €

Ziel in der Umgebung

◎ **Inselwelt** ▸ S. 140, A 1/2, B 1
Südwestlich von Jaffna liegen mehrere Inseln, von denen Delft als die
interessanteste gilt. Neben einigen
Kolonialgebäuden aus portugiesischer und britischer Zeit locken
vor allem die wild lebenden Ponys
Besucher an.

Arugam Bay ▸ S. 153, E 25

Kurz vor Sonnenaufgang sind die
ersten Surfer schon unterwegs,
das Brett lässig unter den Arm ge-
klemmt, auf der Suche nach der per-
fekten Welle. Neugierig beäugt nur

von den Kühen, die im Sand dösen,
während das Meer die Fischerboote
mit dem Fang der Nacht an den
Strand spült.

Außerhalb der Hauptsaison, die hier
nur von Juni bis September reicht,
ist Arugam Bay – unweit des muslimischen Städtchens Pottuvil – noch
eine recht verschlafene Tropenidylle.
Dann aber trifft sich hier eine am-
bitionierte Surferszene – schließlich
gehört die goldgelbe Sandsichel zu
den besten Surfspots der Welt, und
die Beachpartys sind legendär. Anfänger finden am südlichen Punkt,
dem Reef Point, bei sanften Wellen
Gelegenheit zum Üben. Surf-Profis
kommen am Surfers Point bei steilen
Wellen besser auf ihre Kosten.

WUSSTEN SIE, DASS …

… Arugam Bay von Kennern zu den
zehn besten Surfspots der Welt
gezählt wird?

Wer sich nicht daran stört, dass der
Strand des muslimischen Fischer-
dorfes nicht immer blitzsauber ist,
kann den Ort auch ohne Surfbrett
genießen. Arugam Bay ist auch heute
noch ein Lieblingsziel für Individualreisende ohne großes Budget.
Auf der anderen Seite der Durch-
gangsstraße liegt die große Pottuvil-
Lagune, wo sich manchmal wilde
Elefanten abends zum Baden treffen.
Fischer bieten geführte Kanutouren
durch die Lagune an, die ihnen
ein Zusatzeinkommen sichern und
gleichzeitig die Wiederaufforstung
des gefährdeten Ökosystems Mang-
rovenwald finanzieren. Arugam Bay
ist außerdem Ausgangspunkt für
die Erkundung des Nationalparks
Yala East.

Schildkröten sind an der Ostküste häufige Besucher. Die besten Chancen für ein Rendezvous bestehen auf Pigeon Island (▸ S. 109).

ÜBERNACHTEN/ESSEN UND TRINKEN

Hideaway

Stilvolle Cabanas im Garten • Das kleine Guesthouse gehört zu den Pionieren in Arugam Bay. Sharon da Silva, die lange ein Catering-Unternehmen in Hawaii betrieb, übernahm die stilvolle Anlage mit Zimmern im Haupthaus und geräumigen Cabanas vor einigen Jahren von ihrem Vater. Ihre Erfahrung in der Gastronomie kann man schmecken: Jeden Abend serviert sie (auf Bestellung) ein köstliches Fusion-Menü. Der Garten entschädigt für den fehlenden Strandzugang, und ein Swimmingpool ist in Planung. Schräg gegenüber der Tourist Police • Tel. 0 63-2 24 82 59 • www.hideaway arugambay.com • 14 Zimmer • €€

Stardust Beach Hotel

Hotellegende am Surferstrand • Die Dänin Merete Scheller und ihr Mann Per Goodman eröffneten das kleine Hotel bereits 1982 und schlossen auch während des Bürgerkriegs nur wenige Jahre, als die Repressionen der LTTE zu heftig wurden. Das Surferpublikum hielt auch in schwierigen Zeiten die Treue. Doch die Probleme rissen nicht ab: Der Tsunami am Weihnachtstag 2004 zerstörte das Stardust Beach komplett, und Per Goodman starb in den Wellen.

Mithilfe von Freunden und Stammgästen baute Merete das Stardust im dänisch-sri-lankischen Stil wieder auf und bietet nun verschiedene Nächtigungsmöglichkeiten, von einfachen Beach-Cabanas über Zimmer mit Mini-Bar bis zu Familiensuiten. Auch Yoga, Massage und Kanuausflüge gehören zum Angebot. Das Restaurant ist berühmt für frischen Fisch, und zu den Ereignissen, die man nicht verpassen sollte,

gehört das Seafood BBQ im Stardust Beach unter dem Sternenhimmel.
Am Nordende des Strands • Tel. 0 63-2 24 81 91 • www.arugambay.com • €€

Ziele in der Umgebung

◎ Crocodile Rock/Elephant Rock   ▶ S. 153, E 25

Einsame Sandstrände und die Aussichtspunkte Crocodile Rock oder Elephant Rock sind mit dem Tuk-Tuk erreichbar. Manchmal lassen sich wilde Elefanten und – rund um die Lagune – Krokodile blicken.
3 km südl. von Arugam Bay

◎ Lahugala-Nationalpark
▶ S. 153, E 25

Der mit 1554 ha kleinste Nationalpark Sri Lankas ist bekannt für seine großen Elefantenherden, die man vor allem in den Sommermonaten beobachten kann. Außerdem gibt zahlreiche Wasservögel (Pelikane, Purpurreiher, Sunda-Marabu-Störche, Seeadler, Fischadler, Eisvögel) zu sehen.
Tgl. 7–18 Uhr • Eintritt 10 US-$, Kinder 5 US-$
16 km nördl. von Arugam Bay

◎ Yala-East-Nationalpark
▶ S. 153, D 25/26

Die Fortsetzung des Yala-Nationalparks ist nur von der Ostküste aus zu erreichen, deshalb wird der Park noch relativ selten besucht. Vorherrschend ist dichtes Buschland, durchsetzt mit Lagunen. Häufig zu sehen sind Axishirsche, Goldschakale, wilde Wasserbüffel, Sumpfkrokodile und jede Menge Wasservögel.
Tgl. 6–18 Uhr • Eintritt 10 US-$, Kinder 5 US-$
33 km südl. von Arugam Bay

Batticaloa   ▶ S. 149, E 17
96 000 Einwohner

Auch die zweite große Stadt an der Ostküste, 110 km südlich von Tricomalee, punktet durch ihre Lage. Das Zentrum liegt auf einer Insel zwischen dem Indischen Ozean und der Batticaloa-Lagune, die sich über 58 km entlang der Küste zieht. Steinerner Zeuge der Kolonialzeit ist das Fort aus portugiesischer Zeit, das später die Holländer übernahmen. Heute durchzieht »Batti« multireligiöses Flair: Hier mischen sich Hindus, Muslime und Christen, und neben knallbunten Hindutempeln liegen Kirchen in Bonbonfarben und stattliche Moscheen.
Als größte Attraktion der Stadt gelten aber die sagenumwobenen »singenden Fische«, denen man – wie immer wieder Zeugen berichten – in Vollmondnächten von der Lady-Manning-Brücke, die die Kallady-Lagune überspannt, lauschen kann. Seit ein Priester den »Gesang« in den 1960er-Jahren aufzeichnete, rätselt auch die Wissenschaft.
Batticaloa liegt inmitten einer fruchtbaren Agrarlandschaft, in der Kokosplantagen und Reisfelder dominieren.

SEHENSWERTES
Dutch Fort   ▶ S. 149, E 17

1628 errichteten die Portugiesen das kleine, aber gut erhaltene Fort im Stadtzentrum, in dem zehn Jahre später die Holländer ihre Flagge hissten. Wuchtige Mauern und Wassergräben umgeben das wehrhafte Bauwerk, das heute vor allem Verwaltungsgebäude beherbergt. Sehenswert für historisch Interessierte: das Wappen der holländischen VOC (Vereinigte Ostindien-

gesellschaft) aus dem Jahr 1682 über dem Eingangstor.
Fort Rd.

ESSEN UND TRINKEN

The Tuna's ▸ S. 149, E 17
Mit Lagunenblick • Nettes Restaurant im kleinen Hotel Deep Water Resort. Chinesisch, indisch, srilankisch und jede Menge Fisch.
Navalady Rd. • Tel. 0 77-6 59 71 73 • €€

Ziele in der Umgebung

◎ Maduru-Oya-Nationalpark
▸ S. 149, E 17
Der 1983 gegründete Maduru-Oya-Nationalpark ist wie viele Parks im Osten des Landes für seine Elefanten bekannt. Außerdem sind hier Leoparden, Faultiere, Rehe, Wildschweine und viele Vogelarten beheimatet. Zudem findet man im Park etliche Ruinen alter buddhistischer Schreine, Tempel, Dagobas sowie Statuen aus verschiedenen Epochen der Geschichte Sri Lankas. Es gibt einige einfache Unterkünfte.
100 km westl. von Batticaloa

◎ Passekudah Bay/Kalkudah Bay
▸ S. 149, E 17
Die schneeweißen Strände nördlich von Batticaloa lockten schon vor dem Bürgerkrieg junge Individualreisende an, die das Beachlife und die dazugehörigen Partys gleichermaßen genossen. Politische Unruhen setzten dem noch jungen Tourismus Mitte der 1980er-Jahre ein jähes Ende, und 2004 traf der Tsunami die Region schwer.
Bald nach Kriegsende präsentierte die Regierung schon Pläne zum Ausbau von Passekudah Beach. Auf der rund 40 ha großen Fläche sollen 500 bis 700 Zimmer entstehen. Fehler anderer Destinationen

Die Hafenstadt Trincomalee (▸ S. 107) ist das Wirtschafts- und Handelszentrum der Ostküste. In der Umgebung gibt es einige sehr schöne Strände.

möchte man vermeiden, der Ausbau soll nach Prinzipien eines »sanften Tourismus« erfolgen: höchstens zehn Hotelzimmer pro 4000 qm, Gebäude mit höchstens drei Stockwerken im landestypischen Design und aus traditionellen Baumaterialien sind geplant.

Das erste Resort eröffnete im Sommer 2011, dem 2012 die nächsten folgten. 14 Sternehotels sind insgesamt vorgesehen, sodass der Traumstrand bis auf Weiteres Baustelle ist. Außerhalb der Hotels gibt es noch keine touristische Infrastruktur.

Kalkudah Beach nebenan ist noch wild und ursprünglich – doch auch hier ist es sicherlich nur eine Frage der Zeit, bis die ersten Bagger und Baukräne vorfahren. Wenige einfache Privatquartiere im Dorf warten auf Besucher.

30 km nördl. von Batticaloa

ÜBERNACHTEN

Maalu Maalu Resorts & Spa

Stylish und sozialverträglich • Als erstes von 14 geplanten Hotels in Passekudah wurde 2011 das Maalu Maalu eröffnet. In diesem Strandhotel, erbaut aus Naturmaterialien, wird Sozialverträglichkeit groß geschrieben. Mehr als die Hälfte der Angestellten kommen aus der Umgebung und werden im Hotel ausgebildet. Und damit in einigen Jahren der Anteil von Arbeitskräften aus der strukturschwachen Region weiter steigt, erhält die Dorfjugend kostenlosen Englisch- und Computerunterricht. Um den Fischern von Passekudah ein Zubrot durch Ausfahrten mit Touristen zu verschaffen, verzichtete man auf die Anschaffung eines eigenen Bootes und ging stattdessen Kooperationen ein.

Am Nordende des Strands • Tel. 0 65-7 38 83 88 oder 0 11-7 38 63 89 • www.maalumaalu.com • 40 Zimmer und Bungalows • €€€€

Amethyst Resort

Viel Platz zum Entspannen • Weitläufige luxuriöse Anlage, die erst 2012 ihre Pforten öffnete. Mit Pool, Zimmern und Cabanas in unterschiedlichen Kategorien und mit allen Annehmlichkeiten. Ausflüge werden organisiert

Coconut Board Rd. • Tel. 0 65-5 67 60 03 • www.amethystpassikudah.com • 97 Zimmer • €€€

Simla Guesthouse

Sympathisch • Victoria Selvamany vermietete schon vor dem Bürgerkrieg an junge Traveller und ließ sich auch nicht entmutigen, als der Tsunami ihr Guesthouse einfach davonspülte. Zusammen mit ihrer Tochter baute sie ein freundliches neues Haus ca. 1 km landeinwärts. Einfache, preisgünstige Zimmer mit Bad und Familienanschluss. Und das Gemüse für Victorias berühmtes Curry kommt aus dem eigenen Garten.

Valachenai Rd., Kalkudah • Tel. 0 77-6 03 12 72 • 8 Zimmer • €

Trincomalee   ▶ S. 144, B/C 10

115 500 Einwohner

Trinco, wie die Hauptstadt der Ostprovinz auch liebevoll genannt wird, wird nie einen Schönheitspreis gewinnen, aber ihre Lage ist höchst attraktiv: Die Innenstadt drängt sich auf einer schmalen Landzunge, davor liegen Strände und einer der größten natürlichen Häfen der Welt, der heute allerdings keine wirtschaftliche Bedeutung mehr hat.

Anders in der Vergangenheit: Wegen des Hafens stand die hauptsächlich von Tamilen bewohnte Stadt schon früh im Fokus der Kolonialmächte. Bereits zu Beginn des 17. Jh. errichteten die Portugiesen ein Fort und zerstörten den Tempel der Tausend Säulen, einen der größten Hindutempel der Insel. Im Laufe der nächsten 150 Jahre stritten sich Portugiesen, Niederländer, Franzosen und Briten um die Hafenstadt, bis 1782 die Briten triumphierten. Im Zweiten Weltkrieg erlangte der Hafen für die Briten auch militärische Bedeutung, und 1942 wurde Trincomalee als einzige Stadt Sri Lankas von der japanischen Luftwaffe angegriffen.

Mit dem Ausbruch des Bürgerkriegs 1983 kam es immer wieder zu militärischen Auseinandersetzungen zwischen den Liberation Tigers of Tamil Eelam (LTTE) und der srilankischen Armee. Seit Kriegsende ist Trincomalee wieder eine bunte, quirlige Handelsstadt, und an den traumhaft schönen Stränden der Umgebung blüht der Tourismus langam wieder auf.

SEHENSWERTES

Fort Frederick ▸ S. 144, C 10

Das Fort, im 17. Jh. von Portugiesen erbaut, wird heute vor allem militärisch genutzt. Devotionalien- und Süßigkeitenstände säumen den Weg weiter zum Tempel.
Halbinsel zwischen Dutch Bay und Black Bay

Swami Rock und Trikoneswaram Kovil (Koneswaram-Tempel)
▸ S. 144, C 10

Im hinteren Teil des Forts liegt der Swami Rock, ein Fels, dessen Klippen steil ins Meer abfallen. Bekannt ist er auch als »Lover's Leap«, denn eine liebeskranke Holländerin stürzte sich gegen Ende des 17. Jh. von hoch oben in die Fluten. Glücklicherweise wurde sie gerettet, und heute schwört sich hier manch junges Paar ewige Liebe.

Auf der Spitze des Felsens liegt der Hindutempel Koneswaram, der in seiner heutigen Form erst in den 1960er-Jahren auf den Grundmauern des Tempels der Tausend Säulen errichtet wurde, den die Portugiesen 1622 zerstört hatten. Er zählt zu den wichtigsten Hinduheiligtümern Sri Lankas. Hier verehren die Gläubigen den Shiva-Lingam, ein Symbol Lord Shivas in Gestalt eines Phallus, der noch aus dem ursprünglichen Tempel stammt.
Halbinsel zwischen Dutch Bay und Black Bay • tgl. 7–11, 16–18 Uhr (Puja-Zeremonien um 7, 11, 16 und 18 Uhr)

Dutch Bay ▸ S. 144, B 10

Das Baden ist am schönen Stadtstrand wegen gefährlicher Strömungen lebensgefährlich. Unbedingt empfehlenswert ist dagegen ein Spaziergang zum Sonnenuntergang, wenn sich einheimische Familien hier zum Plaudern und Picknicken einfinden, um Drachen steigen zu lassen und Kinder beim Eismann Schlange stehen.
Fort Frederick Rd.

ESSEN UND TRINKEN

Welcombe Hotel ▸ S. 144, B 10

Terrasse am Wasser • Das solide Mittelklassehotel serviert gute Ost-West-Küche, und auf der luftigen Terrasse sitzt man vor allem abends sehr angenehm.

66, Orr's Hill • Tel. 0 26-2 22 23 73 •
€€

Ziele in der Umgebung
◎ Kanniya (Heiße Quellen)
▸ S. 144, B 10

Die Legende erzählt, dass Rama, der
Held des Hinduepos »Ramayana«,
hier seine Gattin aus den Fängen des
bösen Dämonenherrschers Rawana
befreite. Aus Wut rammte Rawana
seinen Spieß siebenmal in die Erde.
Seitdem sprudeln hier sieben heiße
Quellen, denen Heilkräfte zugespro-
chen werden. In den ummauerten
Pools kann man zusammen mit den
Pilgern – natürlich züchtig gekleidet
– baden. Der Besuch lohnt vor allem
an Wochenenden und Feiertagen,
dann ist das Bad in der Menge ein
einzigartiges Erlebnis. Am Wochenende wird ein Markt abgehalten.
Tgl. 7–18 Uhr • geringer Eintritt
8 km nordwestl. von Trincomalee

◎ Nilaveli Beach 🔟
▸ S. 144, B 10

Der 4 km lange, breite und flach
abfallende Puderzuckerstrand ist
für viele der schönste Strand der
Insel. Wo schon vor dem Bürgerkrieg
der (Individual)Tourismus blühte,
kehrte wieder Leben ein. Neben
westlichen Touristen kommen zahlreiche Auslandstamilen – Bürger-
kriegsflüchtlinge, die ihren Kindern
die Heimat zeigen möchten. Am
Wochenende picknicken Ausflügler
aus allen Teilen der Insel am Strand
und baden keusch in Jeans oder Sari.
Und morgens und abends mischen
sich manchmal Kühe unter die fla-
nierenden Touristen.
19 km nördl. von Trincomalee

SEHENSWERTES
Pigeon Island

In nur 10 Bootsminuten erreicht
man vom Nilaveli Beach aus den

Der Koneswaram-Tempel (▸ S. 108) in Trincomalee ist Shiva geweiht, dem hinduistischen Gott der Schöpfung und der Zerstörung.

Nationalpark Pigeon Island, der aus zwei kleinen Inseln besteht – Pigeon Island und Coral Island. Erstere ist von einem Korallenriff umgeben, das man wunderbar ertauchen und erschnorcheln kann. Leider sind die Korallen geschädigt und ihr Bestand ist stark zurückgegangen, aber es lohnt trotzdem, zwischen den bunten Rifffischen, von denen es hier rund 300 verschiedene Arten gibt, spazierenzuschwimmen.

Neben den Attraktionen der Unterwasserwelt gibt es auch Schildkröten zu entdecken. Bootsausflüge werden von den Hotels organisiert.

Boot ab Nilaveli Beach • Eintritt 10 US-$, Kinder 5 US-$

Velgam Raja Maha Vihara

Im einst bedeutenden buddhistischen Heiligtum aus dem 11. Jh. gibt es noch viel Arbeit für Archäologen. Nur ein kopfloser Buddha erhebt sich aus den Ruinen. Doch auch die jüngste Vergangenheit ist präsent. Ein kleines Museum zeigt Fotos von Angriffen der Tamil Tigers, bei denen mancher Dorfbewohner sein Leben ließ. Mönche aus dem Kloster nebenan sind interessante Gesprächspartner.

Tgl. 7–18 Uhr • geringer Eintritt 8 km westl. von Nilaveli

ÜBERNACHTEN

Nilaveli Beach Hotel

Der Klassiker • Bereits in den 1970er-Jahren eröffnete das Strandhotel und empfing auch während des Bürgerkriegs fast durchgehend Gäste. Der Tsunami 2004 spülte jedoch 22 Strandbungalows einfach weg. Nach der Renovierung punktet das Nilaveli Beach wieder mit großem Pool, netter Strandbar und attrak-

tiven neuen Zimmern im Hauptgebäude. Die älteren strandfernen Bungalows dagegen sind etwas in die Jahre gekommen. Das Nilaveli Beach ist eine beliebte Adresse bei Auslandstamilen und deshalb oft ausgebucht. Also rechtzeitig reservieren.

11th Mile Post • Tel. 0 26-2 23 22 95 • www.tangerinehotels.com • 43 Zimmer • €€€

Pigeon Island Beach Resort

Für Ruhesuchende • Eine ausgezeichnete Wahl für alle, die einen entspannten Strandurlaub genießen möchten, ist die lang gestreckte, überschaubare Anlage gegenüber dem Nationalpark Pigeon Island. Großer Pool, kleiner Spa-Bereich, PADI-Tauchcenter. Die mediterran-asiatische Küche genießt man im klimatisierten Speisesaal oder mit Meeresbrise.

11th Mile Post • Tel. 0 26-4 92 06 33 • www.pigeonislandresort.com • 38 Zimmer • €€€

Sea View Hotel ▶ S. 112, B 10

Schöne Blicke und gute Preise • Wer keine Klimaanlage benötigt, schläft hier günstig. Die AC-Zimmer sind dagegen übeteuert. Für das etwas sterile Ambiente entschädigt die tolle Strandlage.

10th Mile Post • Tel. 0 26-4 92 00 16 • www.seaviewlk.com • 20 Zimmer • €€

Seaway Hotel

Gute Wahl für Preisbewusste • Erst 2010 eröffnet und deshalb bestens in Schuss sind die Zimmer mit schattiger Veranda. Insgesamt wirkt die Anlage noch etwas neu und steril, aber das Preis-Leistungs-Verhältnis stimmt.

Einheimische Frauen vergnügen sich am Strand von Pigeon Island (▶ S. 109) – dabei wird der Sari nicht ausgezogen.

Pigeon Island Beach • Tel. 0 26-2 23 22 12 • 16 Zimmer • €

◎ Uppuveli Beach 👫

▶ S. 144, B 10

Der Hausstrand von Trinco ist breit, weißsandig und (noch) erstaunlich wenig erschlossen. Ein richtiges Familienparadies – ideal für lange Strandspaziergänge, zum Schwimmen, Schnorcheln und Tauchen und als Ausgangspunkt für Walbeobachtungstouren.

6 km nördl. von Trincomalee

ÜBERNACHTEN/ESSEN UND TRINKEN
Chaaya Blu Trincomalee

Elegant und traditionsreich • Nach einem Facelift erstrahlt der traditionsreiche ehemalige Club Oceanic, 1972 eröffnet, unter neuem Namen wieder in altem Glanz. Für das stylishe Outfit am weißen Traumstrand sorgte ein Schüler des sri-lankischen Stararchitekten Geoffrey Bawa. Im Buffet-Restaurant Captain's Deck speist man internationale Küche, frisches Seafood unter dem Sternenhimmel wird im À-la-Carte-Restaurant The Crab serviert. Mit PADI-Tauchcenter. Besonders im Frühjahr sind die Walbeobachtungstouren (65 US-$) empfehlenswert.

Uppuveli Beach • Tel. 0 26-2 22 23 07 • www.chaayahotels.com • 81 Zimmer • €€€

Palm Beach Resort

Mit Bella-Italia-Flair • Angenehme Zimmer im schattigen Garten, wenige Schritte vom Strand entfernt. Sehr gutes Preis-Leistungs-Verhältnis. Die italienischen Besitzer kochen heimatliche Pastagerichte und legen fangfrischen Fisch auf den Grill.

Nilaveli Rd. • Tel. 0 11-2 41 09 37 • 8 Zimmer • €

Bei einer Eisenbahnfahrt (▶ S. 119)
durch das landschaftlich reizvolle
Hochland kommt man leicht mit den
Einheimischen ins Gespräch.

Touren und
Ausflüge

Zum Baden alleine ist Sri Lanka viel zu schade. Das Land bietet einzigartige Naturschönheiten und faszinierende Kulturstätten, die entdeckt werden wollen.

Höhepunkte Sri Lankas – Kultur und Natur

CHARAKTERISTIK: Autotour durch das Land mit Besuch der UNESCO-Welterbestätten, die die einzigartige Vielfalt der Insel mit archäologischen Stätten, leben

digen Tempeln, spektakulären Landschaften und der Tierwelt in den Nationalparks vermittelt **DAUER:** 10–14 Tage **LÄNGE:** ca. 1400 km **KARTE ▶ S. 143–144, 146–148, 150–151**

Wenn Sie Sri Lanka mit allen landschaftlichen und kulturellen Höhepunkten kennenlernen möchten, sollten Sie zwei Wochen auf der Insel einplanen. Wer weniger Zeit hat, kann auch in 10 Tagen alle Kulturerbestätten besuchen – Mußestunden zum Genießen und Verarbeiten bleiben dann allerdings auf der Strecke. Wenn man sich die kulturellen Perlen bis zum Schluss aufheben möchte, reist man – wie hier beschrieben – von Colombo zunächst südwärts. Zieht man es vor, nach der Rundreise ein paar Strandtage anzuhängen, macht man sich zuerst nach Norden auf.

Colombo

Nach der Ankunft sollten Sie sich ein paar Stunden zum Ankommen gönnen, bevor Sie auf Stadterkundung gehen. Spuren der britischen Kolonialzeit findet man im Fort und im eleganten Wohnviertel Cinnamon Gardens. Anschließend lockt ein Streifzug durchs quirlige Händlerviertel Pettah mit der Straße der Goldhändler, der Straße der Ayurveda-Händler sowie Kirchen, Moscheen und Hindu-Tempeln in nächster Nachbarschaft. Ein Muss: der Sundowner auf der Terrasse des Galle Face Hotels mit anschließendem Abstecher zum Galle Face Green, wo man sich unter die srilankischen Familien mischt. Wer dem Kolonialcharme des Galle Face ein modernes Ambiente vorzieht,

findet schräg gegenüber im Cinnamon Grand ein komfortables Quartier. Eine günstigere koloniale Alternative ist das Grand Oriental Hotel.

Colombo ▶ Galle

Über Mount Lavinia geht es auf der Küstenstraße südwärts, vorbei an einigen der schönsten Westküstenstrände wie Beruwela, Bentota und Hikkaduwa. Am besten planen Sie reichlich Zeit für Fotostopps ein. Wer es eilig hat, rauscht auf der 2011 eröffneten Autobahn nach Galle. In Galle können Sie im Hotel einchecken und sich eine Siesta gönnen. Die schönste Zeit zum Flanieren auf den alten Verteidigungswällen rund ums historische **Fort-Viertel** ⭐ (UNESCO-Welterbe) ist der späte Nachmittag. Anschließend bewundern Sie auf dem Stadtbummel die steinernen Zeugen der holländischen und britischen Kolonialzeit und können in Cafés und Boutiquen die Zeit vertrödeln. In einige der alten Manufakturen zogen unlängst Boutique-Hotels ein, und die schönsten Kolonialhotels erstrahlen seit einem Facelift in neuem Glanz. Günstiger als die Hotels direkt im Fort ist das Closenberg mit Blick auf den Hafen. Wenn Sie lieber am Strand als in der Stadt übernachten, fahren Sie bis Unawatuna weiter, eine der schönsten Buchten der Südküste. Dort bleibt vor dem Abendessen vielleicht noch Zeit für einen Sprung in die Wellen.

Galle ▶ Nuwara Eliya

Am nächsten Tag lohnt ein früher Sprung aus den Federn, denn die ideale Zeit für einen Besuch im Sinharaja Rainforest (UNESCO-Welterbe) ist vormittags, wenn es seltener regnet als später am Tag. Sri Lankas letztes Regenwaldgebiet mit einer faszinierenden Vogelwelt können Sie im Rahmen einer geführten Wanderung auf einem der drei Nature Trails (4–14 km) erkunden. Wer mehr als 10 Tage für die Rundreise eingeplant hat, kann in Parknähe (z. B. in der Singharaja Garden Eco-Lodge) übernachten, den Nachmittag geruhsam ausklingen lassen und am folgenden Tag eine Fotosafari ins Hochland unternehmen. Wenn Sie im Expresstempo unterwegs sind, fahren Sie nach der Wanderung direkt weiter nach Nuwara Eliya. Liebhaber von Kolonialhotels checken dort im Grand Hotel ein.

Bevor Sie am frühen Morgen zu den Horton Plains aufbrechen, sollten Sie den Pullover hervorkramen, denn auf 2000 m Höhe ist es frisch! Am besten einen Jeep für die Fahrt zum Horton-Plains-Nationalpark (UNESCO-Welterbe) organisieren, wo eine faszinierende Wanderung durch den Bergnebelwald lockt (▶ S. 120). Mit seinen Fachwerkhäusern, Rosenbeeten und Kaminzimmern wirkt »N.E.«, in dem britische Kolonialherren von ihrer grünen Insel träumten, bis heute very british. Längst ist das Hochlandstädtchen bei jungen Sri Lankern Lieblingsziel für die Hochzeitsreise und ein beliebtes Wochenendziel der Upper Class aus Colombo, die hier Golfen und Tea Time zelebriert. Ein stilvoller Tagesabschluss ist ein Dinner im legendären Hill Club. Reisende mit mehr Zeit bleiben noch eine Nacht, um eine weitere Wanderung zu un-

Im historischen Fort-Viertel (▶ S. 114) stehen noch zahlreiche Gebäude aus der Zeit, als Galle Sitz der Niederländischen Ostindienkompanie war.

ternehmen, das Hochland vom Zug aus anderer Perspektive zu erkunden (▸ S. 119) oder einen Ausflug nach Kitulgala am Kelani-Fluss zu unternehmen, wo 1957 der Hollywoodfilm »Die Brücke am Kwai« gedreht wurde.

Nuwara Eliya ▸ Kandy

Teegrün ist das Land zwischen Nuwara Eliya und Kandy, wo der edle Ceylontee wächst. Unterwegs haben Sie Gelegenheit, den Pflückerinnen

Kakaofrüchte und -pulver im Botanischen Garten von Peradeniya (▸ S. 116).

bei ihrer harten Arbeit zuzuschauen und Tee direkt auf der Plantage zu verkosten. Im **Botanischen Garten von Peradeniya** ⭐ können Sie am Nachmittag zwischen Banyanbäumen, Kokospalmen und Orchideen spazieren gehen und die einzigartige Fülle der tropischen Fauna erkunden. Weiter geht es in die Königsstadt Kandy, wo man abends noch

die akrobatischen Kandy-Tänzer bewundern kann. Schön wohnt man hoch über dem Mahaweli-Fluss im Chaaya Citadel oder im Boutique-Hotel Villa Rosa.

Kandy

Scharen von Pilgern folgen mit Lotosblüten in der Hand dumpfen Trommelklängen, um die heiligste Reliquie des Landes zu besuchen: einen Eckzahn Buddhas, der im **Sri Dalada Maligawa (Zahntempel)** ⭐ in Kandy (UNESCO-Welterbe) gehütet wird. Auch Besucher sind dreimal am Tag eingeladen, an der feierlichen Zeremonie teilzunehmen. Anschließend flanieren Sie über den Markt, spazieren um den Milchsee oder entspannen einfach am Hotelpool. Wer Zeit hat, bleibt einen Tag länger und kann den Elefantenbabys im Elefantenwaisenhaus von Pinnawella beim Baden zusehen und die schönen Tempel von Gadaladeniya, Lankatilaka und Embekke besuchen.

Kandy ▸ Dambulla

Vormittags erfahren Sie in einem der Gewürzgärten bei Matale, wie Pfeffer, Zimt und Kardamom wachsen, und füllen bei dieser Gelegenheit Ihren Gewürzvorrat für zu Hause auf. Bücher aus Palmblättern lernt man beim Höhlentempel Aluvihara kennen. Am Nachmittag steht ein weiterer Höhepunkt auf dem Programm: In den buddhistischen Höhlentempeln von Dambulla (UNESCO-Welterbe) erzählen historische Malereien und Statuen von der Lehre des Erleuchteten. Für drei oder vier Nächte nehmen Sie zwischen Dambulla und Habarana Quartier, z.B. im Heritance Kandalama, und unternehmen von dort Tagesausflüge nach **Polonnaruwa** ⭐ und **Anuradhapura** ⭐.

Polonnaruwa

In der zweiten historischen Hauptstadt Polonnaruwa tauchen Sie zwischen Königspalast, Tempeln und steinernen Buddhas ins alte Ceylon ein. Nach der Mittagspause bei Rice & Curry im Polonnaruwa Rest House können Sie ganz nach Lust und Laune auf dem Rückweg einen Besuch bei Elefanten und anderen Wildtieren im Minneriya-Nationalpark einplanen.

Anuradhapura

Morgens können Sie bei noch angenehmen Temperaturen Stufe für Stufe den Löwenfelsen von Sigiriya (UNESCO-Welterbe) erklimmen. Der Lohn für die Mühe: ein atemberaubender Blick und eine Felsenfestung voller Geschichte(n). Auf dem Weg hinab bezirzen die Fresken der Wolkenmädchen, die unbekannte Künstler auf den Fels malten. Eilige können nachmittags noch in der Klosterstadt Anuradhapura (UNESCO-Kulturerbe) auf Zeitreise ins 1. Jh. v. Chr. gehen. Riesige Stupas recken sich himmelwärts, und gemeinsam mit den Pilgern können Sie Sri Maha Bodhi umrunden – einen Ableger des Baumes, unter dem Buddha Erleuchtung erlangte. Der Riesenbuddha von Aukana ist auf dem Rückweg einen Besuch wert. Reisende mit mehr Muße verschieben Anuradhapura auf den nächsten Tag und kombinieren den Ausflug mit einem Abstecher zum ältesten buddhistischen Heiligtum der Insel nach Mihintale.

Über Kurunagale führt der Weg zurück nach Colombo.

Königliche Spuren – Polonnaruwa 🟥9 mit dem Fahrrad erkunden

CHARAKTERISTIK: Mit dem Mietfahrrad ganz entspannt eine der schönsten Ausgrabungsstätten Sri Lankas erkunden **DAUER:** Halbtagestour **EINKEHRTIPP:** Polonnaruwa Guesthouse, Am See, Tel. 0 27-2 22 22 99, www.ceylonhotels.lk • €€
KARTE ▶ S. 148, A 17

Die weit verstreut liegenden Ruinen von Polonnaruwa (tgl. 7.30–18.30 Uhr), der zweiten alten Königsstadt Sri Lankas neben Anuradhapura, erkundet man am besten mit einem Fahrrad, das man in vielen Hotels und Guesthouses ausleihen kann. Idealerweise starten Sie morgens früh vor dem Ansturm der Reisegruppen, wenn auch die Temperaturen noch angenehm sind. Alternativ beginnen Sie am Nachmittag und lassen die Tour gegen 17 Uhr bei einer Tea Time im Rest House ausklingen.

Am See entlang

Vom Hotelbezirk Polonnaruwas radeln Sie am Stausee Parakrama Samudra entlang, der während der Regierungszeit von König Parakrama Bahu I. (12 Jh.) ausgehoben wurde und bis heute die Bewässerung der Felder ringsum sicherstellt. Hier kann man morgens den Fischern bei ihrer Arbeit zuschauen. Wenige Schritte vom Ufer entfernt locken die ersten Ausläufer der Ruinenstadt: eine Monumentalstatue, wahrscheinlich ein Porträt des Königs, sowie die steinernen

Die 54 m hohe Rankot Vihara ist die größte Dagoba, die man auf einer Radtour durch das historische Polonnaruwa zu sehen bekommt (▶ S. 117).

Überreste des Klosters Potgul Vihara. Unbedingt einen Besuch wert ist das Archäologische Museum am See (tgl. 8–17 Uhr). Modelle zeigen die Paläste und Tempel der Ruinenstadt im ursprünglichen Zustand, und Statuen und Reliefs zeugen von der prächtigen Ausstattung.

An einem der Bewässerungskanäle entlang geht es anschließend zum Haupteingang des Ausgrabungsgeländes.

Vom Regierungssitz zum heiligen Bezirk

Zunächst erkunden Sie das einstige administrative Zentrum Polonnaruwas mit Königspalast samt Badeanlagen und der Ratshalle, dem einstigen Machtzentrum des Reiches. Den Kontrapunkt zum Regierungsviertel setzt der heilige Bezirk, wo jahrhundertelang die heiligste Reliquie des Landes – Buddhas Eckzahn – gehütet wurde. Wenn Sie müde sind, finden Sie genügend Orte zum Verschnaufen und fliegende Händler, die Getränke und Snacks verkaufen.

Vorbei am Lankatilaka-Statuenhaus und den schönsten Dagobas Polonnaruwas radeln Sie weiter zum Lieblingsplatz vieler Besucher – dem Felsschrein Gal Vihara mit vier Statuen Buddhas, die unbekannte Künstler im 12. Jh. aus dem Granitfels meißelten. Sie zählen zu den Meisterwerken buddhistischer Kunst – nicht nur in Sri Lanka. Ein Platz zum Genießen und Meditieren. Der perfekte Abschluss der Radtour: ein Mittagessen im Polonnaruwa Rest House, wo die Queen auf Staatsbesuch in Sri Lanka schon 1954 nächtigte. Nach der Besichtigung des königlichen Schlafzimmers lassen Sie sich das Rice & Curry schmecken und genießen beim Tee auf der Veranda den Seeblick.

Von Kandy ins Hochland –
Auf den Spuren des Ceylontees

CHARAKTERISTIK: Autotour ins Hochland, kombiniert mit der Zugfahrt auf einer der spektakulärsten Bahnstrecken Asiens **DAUER:** 2 Tage **EINKEHRTIPP:** Hill Club, 29, Grand Hotel Rd., Nuwara Eliya, Tel. 052-2 22 26 53, www.hillclub srilanka.net • €€€
KARTE ▶ S. 147, F 15

Bereits 1867 fauchten die ersten Dampfrosse von Colombo ins Hochland und brachten Gewürze, Kaffeesäcke und später Teekisten zurück. Der Schienenstrang mit seinen zahlreichen Tunneln und Brücken, der dem dichten Dschungel abgerungen werden musste, ist zweifellos ein Meisterwerk britischer Ingenieurskunst. Man folgte dem »Pfad der intelligenten Kuh« und führte die Schienenstränge großzügig um Hindernisse herum. Noch heute gehört die Trasse ins Hochland zu den schönsten und spektakulärsten Bahnstrecken Asiens. Für die 300 km lange Fahrt ab Colombo benötigen Sie einen Tag. Wenn Sie nicht ganz so viel Sitzfleisch mitbringen, wählen Sie z.B. das Teilstück Kandy–Nanu Oya (Nuwara Eliya), das rund 4,5 Std. in Anspruch nimmt.

Kandy ▶ Nuwara Eliya

Egal, ob Sie in Kandy oder einem der Küstenorte starten, Sie sollten einen Mietwagen mit Fahrer für zwei Tage buchen – eine Übernachtung im Hochland ist das Minimum, wenn die Erholung nicht zu kurz kommen soll. Der Fahrer bringt die Fahrgäste nach Kandy, hilft beim Kauf des Tickets am Bahnhof Peradeniya Junction (einige Kilometer außerhalb der Königsstadt) und fährt voraus, um seine Gäste am Zielbahnhof wieder in Empfang zu nehmen. So kann man sich ohne Gepäck ganz entspannt zurücklehnen und die Fahrt über Gampola und Hatton genießen. Wer mag, bucht die 1. Klasse, in der meist nur Touristen sitzen und die aus einem Observation Car mit (manchmal fast erblindetem) Panoramafester besteht. Unterhaltsamer ist es in der 2. Klasse, wo Sie schnell mit Einheimischen ins Gespräch kommen. Bis Hatton (1271 m), dem Ausgangspunkt für die Besteigung des **Sri Pada (Adam's Peak) 6**, dominieren bewaldete Hügel das Landschaftsbild, bevor man ins Teeland eintaucht, in dem die bunten Saris der Pflückerinnen Farbtupfer setzen. Tiefe Schluchten und Wasserfälle, die talwärts donnern, sorgen für reichlich Fotomotive.

Rund 4,5 Std. ist der Zug von Kandy bis Nanu Oya (der Bahnhof von Nuwara Eliya) unterwegs, wobei er mehr als 1000 Höhenmeter und eine Klimazone überwindet: Die tropische Schwüle Kandys weicht im Hochland dem ewigen Frühling. Deshalb wurde »N.E.« zur liebsten Sommerfrische der Briten, die sich hier gern bei Jagd, Pferderennen und Golf vergnügten.

Nuwara Eliya ▶ Badula

Wenn Sie noch nicht genug von der Schienenreise haben, fahren Sie weiter bis Badula. Hungern müssen Sie unterwegs nicht, denn fliegende

Verkäufer mit Tee und Snacks steigen immer wieder zu und machen ihre Runde durch die Waggons. In Pattipola erreicht die Trasse ihren höchsten Punkt (1898 m). Von hier geht es langsam wieder abwärts über Bandarawela und Ella, durch Rhododendronwälder, Gemüsegärten und immer wieder Teeplantagen. Gerade auf dem letzten Teilstück warten noch ein paar Leckerbissen wie die neunbogige »Brücke der neun Herzen« oder die Spiralkurve »Demodera Loop«, wo Lokomotive und Zugende sich zu jagen scheinen. Der Bau dieses verschlungenen Kurvensystems war notwendig, um die beachtlichen Höhenunterschiede zu überwinden.

Wer bequemer und nostalgischer reisen möchte, hat die Wahl zwischen dem Viceroy Vintage Train, der vom letzten Dampfross der Insel gezogen wird (www.jftours.com/viceroy-vintage-train-tours), oder dem Rajadhani Express (www.blueline.lk). Dafür muss man natürlich tiefer in die Tasche greifen

und auf das Vergnügen verzichten, das Reiseerlebnis mit sri-lankischen Familien zu teilen. Weiter ins Hotel geht es mit dem Mietwagen.

Rund um Nuwara Eliya

Wenn Sie besonders stilvoll im Teeland wohnen möchten, checken Sie in der Teafactory – ehemals Teefabrik, heute originelles Hotel – ein. Zum Programm des Hotels gehört ein Tee-Workshop, im Rahmen dessen man seinen eigenen Tee pflückt, in der Mini-Teefabrik des Hotels auch verarbeitet und das Ergebnis natürlich kosten und auch mitnehmen darf.

Ein Muss ist auch der Besuch einer Teefabrik (z. B. Labookelie und Pedros), wo Sie den Weg vom Blatt zum Aufguss verfolgen können. Und natürlich darf eine klassische Tea Time nicht fehlen. Ein wunderbar nostalgischer Platz dafür ist der Hill Club, wo eine Kanne besten Hochlandtees stilecht vorm Kamin serviert wird. Mit dem Auto führt die Teereise am nächsten Tag entspannt nach Colombo zurück.

Horton Plains – Das »Ende der Welt« erwandern

CHARAKTERISTIK: Jeepausflug auf das Hochplateau der Horton Plains mit anschließender Wanderung zum Naturschauspiel »World's End« und eindrucksvollen Wasserfällen **SCHWIERIGKEITSGRAD:** einfach **DAUER:** Halbtagestour **EINKEHRTIPP:** Picknick am »World's End«
KARTE ▸ S. 151, F 21

Rau und oft erstaunlich kühl präsentiert sich das nach Gouverneur Robert W. Horton benannte Hochplateau, das zu den beliebtesten Jagdrevieren der Engländer zählte. Heute leben 87 Vogel- und 24 Säugetierarten im Horton-Plains-Na-

tionalpark. Einen Sambarhirsch, nach Elch und Wapiti die drittgrößte Hirschart der Erde, bekommen Sie mit etwas Glück auch zu Gesicht. Die scheuen Leoparden und Lippenbären wissen sich dagegen in der Regel gut zu verstecken.

In 2100 m Höhe wehen oft raue Winde, die eine eigentümliche Landschaft schufen. Der letzte Bergnebelwald der Insel zählt zum UNESCO-Welterbe und ist ein beliebtes Wandergebiet. Frühmorgens (gegen 5 Uhr) sollten Sie in Nuwara Eliya mit Minibus oder Jeep aufbrechen (rund 1,5 Std. Fahrzeit, Jeep ab 3000 Rs.), denn bereits gegen 10 Uhr schieben sich oft Nebelschwaden vor die Aussicht. In den Rucksack gehören ausreichend Wasser und eine Brotzeit, zur Ausrüstung feste Schuhe und Regenzeug.

World's End und Baker's Falls

Nachdem Sie am Parkeingang die Eintrittsgebühr (15 US-$) bezahlt haben, folgen Sie dem Weg zu **World's End** (ca. 4 km). Vogelgezwitscher, Schmetterlinge und die Schreie von Affen begleiten die Wanderer. Über eine baumlose Ebene, dann durch den Nebelwald mit Baumfarnen, Rhododendronbüschen und knorrigen Bäumen mit Moos und langen Flechtenbärten zieht sich der Wanderpfad über Stock und Stein, aber ohne größere Höhenunterschiede zunächst zum Small World's End und weiter zum Naturwunder World's End. Hier bricht das Plateau mehr als 1000 m tief ab, und ein schwindelerregender Blick auf das »Ende der Welt« tut sich auf, der bei guter Sicht bis zur Südküste reicht. Am besten holen Sie hier das Frühstück aus dem Rucksack und genießen in aller Ruhe das Naturschauspiel.

Statt auf demselbem Weg zurückzugehen, können Sie eine Schleife drehen und, dem Wegweiser folgend, 2 km weiter zu den **Baker's Falls** wandern, die sich in Kaskaden in die Tiefe stürzen. Von dort aus geht es an gurgelnden Bächen entlang zurück zum Ausgangspunkt.

Die Baker's Falls im Nationalpark Horton Plains (▶ S. 120) sind nach dem Forscher und Entdecker Samuel Baker benannt, der einige Jahre in Nuwara Eliya lebte.

Die berühmten Stelzenfischer in Weligama (▶ S. 62). Zum Einkommen der Fischer trägt heute weniger der Fang als die Fotohonorare der Touristen bei.

Wissenswertes
über Sri Lanka

Nützliche Informationen für einen gelungenen
Aufenthalt: Fakten über Land, Leute und Geschichte
sowie Reisepraktisches von A bis Z.

Auf einen Blick

Mehr erfahren über Sri Lanka – Informationen über Bevölkerung, Religion und Sprache, Lage und Geografie bis Politik und Wirtschaft.

AMTSSPRACHEN: Singhalesisch, Tamilisch
BEVÖLKERUNG: 75 % Singhalesen, 18 % Tamilen, 7 % »Moors« (Mauren), 1 % andere
EINWOHNER: 20,65 Mio.
FLÄCHE: 65 610 qkm
HAUPTSTADT: Colombo (650 000 Einw.; 2,4 Mio. im Großraum)
RELIGION: 69,3 % Buddhisten, 15,5 % Hindus, 7,5 % Muslime, 7,6 % Christen
STAATSFORM: Präsidialrepublik
STAATSOBERHAUPT: Mahinda Rajapakse
VERWALTUNG: 9 Provinzen, 25 Distrikte
WÄHRUNG: sri-lankische Rupie

Bevölkerung, Religion und Sprache

Sri Lanka ist ein multiethnisches und multireligiöses Land mit sehr heterogener Bevölkerung. Die größte Bevölkerungsgruppe stellen die Singhalesen, die im 5. Jh. v. Chr. aus Nordindien einwanderten, mit Singhalesisch eine indoarische Sprache sprechen und sich mehrheitlich zum Buddhismus bekennen.

Die Tamilen besiedelten Sri Lanka, aus Südindien kommend, etwa zur gleichen Zeit. Sie sprechen Tamil, eine drawidische Sprache, und sind zu 80 % Hindus. Die restlichen 20 %, meist Angehörige unterer Kasten, konvertierten während der Kolonialzeit zum Christentum.

◄ Buddhastatuen im Wehwurukanalla-Tempel bei Dikwella (► S. 65).

Leben zwei Drittel der Tamilen, die sogenannten Ceylon-Tamilen, vor allem im Norden und Osten Sri Lankas, so konzentriert sich die Gruppe der Indien-Tamilen, die von den Briten erst im 19. Jh. als Plantagenarbeiter ins Land geholt wurde, im Hochland. Neben den beiden Hauptbevölkerungsgruppen, deren Konflikte zum Bürgerkrieg führten, lebt eine relativ große Minderheit von muslimischen Arabern (»Moors«) in Sri Lanka, die ab dem 8. Jh. als Händler auf die Insel kamen und bis heute den Edelsteinhandel dominieren. Eine Minderheit sind die hellhäutigen »Burgher«, Nachfahren europäischer Kolonialherren. Eine kleine Gruppe von Ureinwohnern, Weddhas, lebt noch im Landesinneren.

Singhalesisch und Tamilisch sind heute wieder gleichberechtigte Amtssprachen, auch wenn bislang die Sprache der jeweils anderen Volksgruppe nicht in der Schule gelehrt wird. Englisch ist in gebildeten Bevölkerungsschichten sehr verbreitet und genießt als Verkehrssprache nach wie vor große Bedeutung.

Lage und Geografie

Sri Lanka ist ungefähr so groß wie Bayern und hat als Inselstaat keinen direkten Nachbarn. Den Süden des indischen Subkontinents und den Norden Sri Lankas trennt aber nur eine 30 km breite Meerenge. Die Größe des Landes mag überschaubar sein, die landschaftliche Vielfalt hingegen ist grandios. Hinter den traumhaften Stränden, Mangrovenwäldern, Flussmündungen und Sumpfgebieten liegen Berglandschaften mit beachtlichen Gipfeln (höchste Erhebung ist Pidurutalagala mit 2524 m), Schluchten und Wasserfällen, aber auch Regenwälder, Trockensavannen und sogar ein Stück Wüste im äußersten Norden. Hinzu kommen Kulturlandschaften wie die Teeplantagen, die weite Teile des Hochlands prägen.

Politik

Staatsoberhaupt ist seit 2005 Mahinda Rajapaksa, der als Vater des Friedens gefeiert und 2010 in seinem Amt bestätigt wurde. Unumstritten ist der machtbewusste Politiker, der mit harter Hand regiert, aber längst nicht mehr. Rajapaksas Vertreter ist Ministerpräsident Disanayaka Mudiyanselage Jayaratne (SLFP). Die wichtigsten Parteien sind die Sri Lanka Freedom Party (SLFP) und die United National Party.

Wirtschaft

Der größte Devisenbringer sind Sri Lanker, die im Ausland leben, allen voran Hunderttausende von Frauen, die als Hausangestellte in arabischen Ländern arbeiten und nicht selten mit ihren Überweisungen ganze Familien in der Heimat finanziell über Wasser halten. Stark an Bedeutung gewonnen hat in den letzten Jahren die Textilindustrie, die traditionelle Wirtschaftszweige wie den Export von Tee überholt hat. Unzählige Textilfirmen produzieren preisgünstige Konfektionsware für westliche Märkte. Seit dem Ende des Bürgerkriegs hat die Tourismusindustrie verlorenes Terrain zurückerobert und sich wieder zu einer tragenden Säule im Wirtschaftsleben entwickelt.

Geschichte

500 Jahre v. Chr.
Indo-arische Einwanderer aus Nordindien besiedeln die Insel. Prinz Vijaya, der Legende nach Nachkomme eines Löwen, wird erster König der Singhalesen (»Löwensöhne«).

Um 300 v. Chr.
Anuradhapura wird für mehr als 1500 Jahre politisches und spirituelles Zentrum der Insel.

250 v. Chr.
Der indische Prinz Mahinda bringt den Buddhismus nach Sri Lanka. Eine Zeit kultureller Blüte beginnt.

Ende 1. Jh.
Tamilische Eroberer zerstören Anuradhapura und verlegen die Hauptstadt nach Pollunaruwa.

12. Jh.
Zweite Blütezeit des Landes unter König Parakrama Bahu I. Ein geniales Bewässerungssystem sichert den Wohlstand. 100 Jahre später führen innere Machtkämpfe und Bedrohung von außen zum Zerfall des Reichs.

1505
Die Ankunft der Portugiesen läutet die Ära des Kolonialismus ein. Sie nutzen die günstige Lage der Insel zwischen Arabien und Fernost für Handelsaktivitäten und missionieren eifrig: Vor allem Angehörige niederer Kasten konvertieren zum Katholizismus.

1658–1796
Die holländische Handelsgesellschaft VOC vertreibt die Portugiesen; Gewürzplantagen werden angelegt, und Ceylon-Zimt wird wichtiges Handelsgut.

1796
Die Briten lösen die Holländer ab, und 1802 wird Ceylon offizielle britische Kronkolonie.

1815
Das Königreich Kandy, das sich im Landesinneren lange gegen die Kolonialherren behaupten konnte, wird von den Briten besiegt. Der Vertrag von Kandy sichert den Briten die Herrschaft über die gesamte Insel. Sie bauen die Infrastruktur aus und führen das britische Schulsystem ein.

1823
Der Anbau von Kaffee in Plantagenwirtschaft verändert die Landschaft im Hochland.

1867
Die erste Eisenbahn verbindet Colombo und Kandy. Nach der Kaffeepest beginnen die Briten mit dem großflächigen Anbau von Tee. Die Pflanzen stammen aus dem nordindischen Assam.

1915
Unruhen anlässlich der Hundertjahrfeiern zum Vertrag von Kandy. Die Briten geraten unter Druck und binden die einheimische Elite in die Regierung ein.

4. Feb. 1948
Ceylon wird unabhängig, bleibt aber Teil des britischen Commonwealth. Staatsoberhaupt bleibt der britische Monarch.

1956

Premierminister Solomon Bandaranaike schürt den singhalesischen Nationalismus und diskriminiert Tamilen, indem Singhalesisch bestimmende Sprache in Schulen und Behörden wird. 1959 wird er von einem Mönch ermordet.

1960

Bandaranaikes Witwe Sirimavo wird erste Premierministerin der Welt und schlägt einen sozialistischen Kurs ein.

1972

Nach einer Verfassungsänderung wird Ceylon unter dem historischen Namen Sri Lanka Republik. Velupillai Prabhakaran gründet die Tamil New Tigers, die ab 1976 als LTTE (Liberation Tigers of Tamil Eelam) für einen unabhängigen Tamilenstaat im Norden kämpfen.

1983

Einem Attentat tamilischer Separatisten folgen singhalesische Rachefeldzüge. Im »schwarzen Juli« beginnt der Bürgerkrieg zwischen tamilischen Guerillas und Regierungstruppen.

1990–1996

Bombenanschläge erschüttern das Land. Hochrangige Politiker wie der indische Präsident Rajiv Gandhi (1991) und der sri-lankische Präsident Premadasa (1993) werden ermordet.

1998

Einen Höhepunkt erreichen die Ausschreitungen mit dem Anschlag auf den Zahntempel in Kandy, der die heiligste Reliquie des Landes birgt. Nach diesem Angriff auf das »religiöse Herz« verhärten sich die Fronten weiter.

2000

Anschlag auf den Bandaranaike-Flughafen; Tod von Sirimavo Bandaranaike.

2003

Waffenstillstand nach Vermittlung norwegischer Unterhändler.

2004

Am 26. Dezember fordert ein Tsunami allein in Sri Lanka 35 000 Menschenleben und richtet schwere Verwüstungen entlang der Küsten an.

2006

Erstmals seit dem Waffenstillstand kommt es wieder zu heftigen Kämpfen, der Frieden rückt in weite Ferne.

2009

Regierungstruppen töten den Führer der LTTE und erklären den Bürgerkrieg nach 26 Jahren für beendet. Insgesamt starben schätzungsweise 80 000–100 000 Menschen.

2010

Der Frieden stabilisiert sich, und der Ausbau der touristischen Infrastruktur beginnt mit voller Kraft. Staatspräsident Mahinda Rajapakse, seit 2005 im Amt und »Vater des Friedens«, führt das Land mit straffer Hand.

2012

Die Urlauberzahlen erreichen ein neues Rekordniveau; für Ende des Jahres ist die Eröffnung des zweiten internationalen Flughafens bei Hambantota geplant.

Sprachführer Englisch

Wichtige Wörter und Ausdrücke

ja – yes

nein – no

bitte – my pleasure, you're welcome

danke – thank you

Wie bitte? – Pardon?

Ich verstehe nicht – I don't understand you

Entschuldigung – Sorry, I beg your pardon, excuse me

Guten Morgen – Good morning

Guten Tag – Hello

Guten Abend – Good evening

Auf Wiedersehen – goodbye

Ich heiße … – My name is …

Ich komme aus … – I'm from …

Wie geht's? – How are you?

Danke, gut. – Thanks, fine.

wer, was, welcher – who, what, which

wie viel – how many, how much

Wo ist … – Where is …

wann – when

wie lange – how long

Sprechen Sie Englisch? – Do you speak English?

Bis bald – See you soon

heute – today

morgen – tomorrow

Zahlen

null – zero

eins – one

zwei – two

drei – three

vier – four

fünf – five

sechs – six

sieben – seven

acht – eight

neun – nine

zehn – ten

zwanzig – twenty

einhundert – one hundred

eintausend – one thousand

Wochentage

Montag – Monday

Dienstag – Tuesday

Mittwoch – Wednesday

Donnerstag – Thursday

Freitag – Friday

Samstag – Saturday

Sonntag – Sunday

Unterwegs

Wie weit ist es nach …? – How far is it to ...?

Wie kommt man nach …? – How do I get to …?

Wo ist …? – Where is …?

– die nächste Werkstatt? – the nearest garage?

– der Bahnhof/Busbahnhof? – the station/bus terminal?

– die nächste Bus-Station/der Flugplatz? – the nearest bus stop/the airport?

– die Touristeninformation? – the tourist information?

– die nächste Bank? – the nearest bank?

– die nächste Tankstelle? – the nearest gas station?

Wo finde ich einen Arzt/eine Apotheke? – Where do I find a doctor/a pharmacy?

Bitte voll tanken! – Fill up please!

Normalbenzin – Regular gas

Super – super

bleifrei – unleaded

rechts – right

links – left

geradeaus – straight ahead

um die Ecke – round the corner

Ich möchte ein Auto/ein Fahrrad mieten. – I would like to rent a car/bike.

Wir hatten einen Unfall. – We had an accident.

Eine Fahrkarte nach … bitte! –
A ticket to … please!
Ich möchte Geld wechseln. – I'd like
to change money.

Übernachten

Ich suche ein Hotel/eine Pension. –
I'm looking for a hotel/guesthouse.
Ich suche ein Zimmer für …
Personen. – I'm looking for a
room for … people.
Haben Sie noch Zimmer frei…? –
Do you have any vacancies…?
– für eine Nacht? – for one night?
– für zwei Tage? – for two days?
– für eine Woche? – for one week?
Ich habe ein Zimmer reserviert. –
I made a reservation for a room.
Haben Sie zum Wochenende einen
Sonderpreis? – Do you offer a
special weekend rate?
Wie viel kostet das Zimmer…? –
How much is the room…?
– mit Frühstück? – including break-
fast?
– mit Halbpension? – half board?
Kann ich das Zimmer sehen? – Can
I have a look at the room?
Ich nehme das Zimmer. – I'll take
the room.
Kann ich mit Kreditkarte zahlen? –
Do you accept credit cards?

Essen und Trinken

Wir haben einen Tisch reserviert –
We have booked a table.
Die Speisekarte bitte! – Could I see
the menu please?
Die Rechnung bitte! – Could I have
the check please?
Ich hätte gern… –
I'd like to have …
Auf Ihr Wohl! – Cheers!
Wo finde ich die Toiletten (Damen/
Herren)? – Where are the restrooms
(ladies/gents)?

Kellner/in – waiter/waitress
Frühstück – breakfast
Mittagessen – lunch
Abendessen – dinner

Einkaufen

Wo gibt es …? – Where do I
find …?
Haben Sie …? – Do you have …?
Was ist das/wie heißt das? –
What is that/how do you
call this?
Wie viel kostet das? – How much
is this?
Das gefällt mir/gefällt mir nicht –
I like it/I don't like it
Das ist zu teuer. – That's too
expensive.
Ich nehme es. – I'll take it.
Geben Sie mir bitte 100 Gramm/
ein Pfund. – I'd like to have one
hundred grams/one pound.
Danke, das ist alles. – Thank you,
that's it.
geöffnet/ geschlossen – open/
closed
Einkaufszentrum – shopping
mall
Kaufhaus – department store
Lebensmittelgeschäft – grocery
Briefmarken für einen Brief/
eine Postkarte nach Deutsch-
land/Österreich/in die Schweiz –
stamps for a letter/postcard
to Germany/Austria/Switzer-
land

Ämter, Banken, Zoll

Ich habe meinen Pass/meine Brief-
tasche verloren. – I have lost my
passport/my wallet.
Ich suche einen Geldautomaten. –
I am looking for an ATM.
Ich möchte einen Reisescheck ein-
lösen. – I'd like to cash a traveler's
check.

Kulinarisches Lexikon

A

Acharu – chilischarfer Obstsalat

Aggala – Bällchen aus geröstetem Reismehl, Sirup und etwas gemahlenem Pfeffer

Ambhul thial – scharf säuerliches Fischcurry

Arrak – Schnaps aus destilliertem Palmblütensaft

B

Bandakka – Okraschoten

Beef – Rindfleisch

Bibikan – kleine Kuchen aus Kokosraspeln und Cashewnüssen

Brinjal Samboll – Auberginen-Sambol

C

Chicken – Hähnchen

Chutney – süß-saure oder scharf-pikante Würzsauce von musiger Konsistenz

Club Sandwich – Sandwichklassiker mit Hühnerbrust und Speck, serviert mit Pommes frites

Country Rice – roter, ungeschälter Reis

Curd – Joghurt aus Büffelmilch, der oft mit Jaggery serviert wird

Cutlis – mit Huhn oder Fisch gefüllte Teigtaschen

D

Devilled Chicken – scharf angebratenes Hähnchengericht (»teuflisches Hühnchen«). Auch Fisch und Meeresfrüchte werden »devilled« angeboten.

Dhal – mild gewürztes Linsencurry

E

Egg Hoppers – Hoppers mit einem gegarten Ei in der Mitte

F

Fish – Fisch

G

Ghee – geklärte Butter (unverzichtbarer Bestandteil der ayurvedischen Küche)

H

Hodda – Sauce aus in Kokosmilch eingekochten Gewürzen

Hoppers – Pfannkuchen aus Reismehl und Kokosmilch mit charakteristischer Muldenform

hot – heiß bzw. scharf

I

Idli – kleine gedämpfte Fladen aus Reismehl

J

Jackfruit – Riesenfrucht, die reif als Obst gegessen wird; in unreifem Zustand wird sie im Curry gekocht

Jaggery – Palmzucker

Jardi – Curry aus Trockenfisch

K

Katta Samboll – Gewürzpaste aus Chili, Zwiebeln, Fisch und Limonen, die zu Hoppers oder Pittu serviert wird

Katu dodol – geleeartiger Pudding aus Palmhonig, Cashewnüssen und Kardamom

Kevum – frittierte Küchlein aus Reismehl und Sirup

King Coconut – Königskokosnuss

King Prawn – Riesengarnele

Kiri hoddy – weißes Curry auf Kokosmilchbasis mit milder Schärfe

Kiribath – Milchreis auf Kokosmilchbasis

Kola kanda – cremige Suppe mit
dem Saft grüner Kräuter

L

Lampries – Reis mit Fleisch/Fisch
und Gemüse, im Bananenblatt
gebacken

M

Malum – Salat aus gehacktem
Blattgemüse und Kokosnuss

Malu paan – Pasteten mit Fisch-
Kartoffel-Füllung

Mangostan – Tropenfrucht

Menu – Speisekarte

Miris malu – Chilifisch

P

Panni – Palmhonig

Pappadam – knusprige Brotfladen
aus Linsenteig

Pattis – kleine Pasteten

Pickles – würzig eingekochte
Gemüsemischungen

Pittu – gedämpfte Küchlein aus
Reismehl und Kokosraspeln

Pol Sambol – Kokos-Sambol

Polrotti – Brotfladen aus Mehl,
Kokosraspeln und Gewürzen

Prawns – Garnelen

R

Rasagullas – süße Kugeln auf Ko-
kosbasis

Red Curry – chilischarfes Curry-
gericht

Rathu issa – Garnelencurry

Rice & Curry – Reis mit verschiedenen Currys und Snacks

Roti – kleine Brotfladen, die man
zum Frühstück reicht

S

Sambol – rote Chilipaste

Sambar – Kichererbsen-Curry mit
Gemüse

Seafood – Meeresfrüchte

Seeni Sambol – besonders aromatisches Sambol, das gut zu Fleisch-
currys passt

Seerfish – spanische Makrele
(einer der beliebtesten Speise-
fische Sri Lankas)

Shark – Hai

Spicy – würzig

Squid – Tintenfisch

String hoppers – lockere Fladen aus
dünnen Teigfäden, die zum Frühstück serviert werden

T

Thalaguli – Sesambällchen

Thambili – Königskokosnuss,
deren Wasser ein erfrischendes
und nahrhaftes Getränk ist

Thosai – dünne Pfannkuchen, die
man mit Curry und Sambol zum
Frühstück isst. Tamilische Spezialität.

Tiger Prawns – Riesengarnelen

Toddy – vergorener Palmblütensaft

Tuna – Thunfisch

U

Uttapam – in Öl ausgebackener
Reispfannkuchen

V

Vadai – Snack zum Tee aus Bohnen-
paste und Reismehl

W

Watalappan – Eierpudding mit
Jaggery, Kokosmilch, Gewürzen
und Cashewkernen

White Curry – mildes Curry auf
Kokosmilchbasis

Woodapple – Holzapfel. Frucht,
die zu Saft und Konfitüre verarbeitet wird

Reisepraktisches von A–Z

ANREISE UND ANKUNFT

ANREISE

Die nationale Fluggesellschaft Sri Lankan Airlines (www.srilankan. aero) fliegt mehrmals wöchentlich ab Frankfurt direkt nach Colombo. Günstiger sind meist Verbindungen mit arabischen Fluglinien. Emirates (www.emirates.com) fliegt von mehreren deutschen Flughäfen sowie von Wien und Zürich täglich nach Dubai und von dort mehrmals täglich nach Colombo. Qatar Airways (www.quatarairways.com) bietet vergleichbare Konditionen, Zeiten und Tarife mit Umsteigen in Doha. Condor (www.condor.com) fliegt während des Winterhalbjahrs zweimal pro Woche von Frankfurt direkt nach Colombo.

Auf www.atmosfair.de und www. myclimate.org kann jeder Reisende durch eine Spende für Klimaschutzprojekte für die CO_2-Emission seines Fluges aufkommen.

ANKUNFT IN COLOMBO

Bislang einziger internationaler Flughafen des Landes ist der **Bandaranaike International Airport** 35 km nördlich von Colombo. Ein neuer Flughafen bei Hambantota soll Ende 2012 eröffnet werden.

In der Ankunftshalle gibt es Wechselstuben und Counter von Mobilfunkunternehmen, wo man gegen Vorlage des Reisepasses lokale SIM-Karten erwerben kann, die preisgünstiges Telefonieren vor Ort und in die Heimat ermöglichen. Im Travel Information Centre kann man sich nach den aktuellen Preisen für Taxifahrten in die Hauptstadt bzw. nach Negombo erkundigen.

VOM FLUGHAFEN IN DIE STADT

Die Taxifahrt nach Colombo kostet ca. 2500 Rs. und dauert, je nach Verkehrsaufkommen, 1–1,5 Stunden. Gegen Gebühr arrangieren Hotels oft auch die Abholung der Gäste.

AUSKUNFT

Sri Lanka Tourism Promotion Bureau
80, Galle Road, Colombo 3 • Tel. 011-2 42 69 00 • www.srilanka.travel

BUCHTIPPS

Michael Ondaatje: Es liegt in der Familie (dtv, 1997) Der kanadische Autor holländisch-tamilisch-singhalesischer Abstammung, gebürtig in Sri Lanka, erzählt in seinem persönlichsten Buch von seiner Rückkehr ins Ceylon der Dreißiger- und Vierzigerjahre und in die eigene Familiengeschichte.

Ders., Anils Geist (Hanser, 2000) Ebenso spannend wie poetisch ist Ondaatjes Roman über persönliches Engagement im sri-lankischen Bürgerkrieg.

Ders., Katzentisch (Hanser, 2012) Die Geschichte dreier Jungen, die in den 1950er-Jahren von Ceylon nach England reisen – mit vielen Erinnerungen an den Kolonialalltag der Insel.

Serendip. Die echte Sri-Lanka-Küche (Christian Verlag, 2010) Würzige Rezepte, schöne Fotos und Alltagsgeschichten geben Einblick in sri-lankische Küchentraditionen.

Minouche Moser, In einem leuchtend-schönen Land – Abenteuer Alltag in Sri Lanka (Dryas Verlag, 2010) Erlebnisse einer deutschschweizer Familie in Sri Lanka.

DIPLOMATISCHE VERTRETUNGEN
Deutsche Botschaft
40, Alfred House Avenue, Colombo 3 • Tel. 0 11-258 04 31 • www.colombo.diplo.de

Österreichisches Honorarkonsulat
Union Place, Colombo 2 • Tel. 0 11-2 69 63 11 • general_austria@sltnet.lk

Schweizer Botschaft
63, Gregory's Road, Colombo • Tel. 0 11-2 69 51 17 • www.eda.admin.ch/colombo

FEIERTAGE
1. Januar Neujahr
Januar Thai Pongal (Erntefest der Tamilen)
4. Februar Nationalfeiertag (Tag der Unabhängigkeit)
Februar Navam Perahera (Feier der Ankunft des Buddhismus auf Sri Lanka)
März/April Ostern (Passionsspiele rund um Negombo)
Mitte April Neujahrsfest der Singhalesen und Tamilen
Mai Wesak (Feier von Geburt, Erleuchtung und Tod Buddhas)
Juli/August Esala Perahera (Feier zu Ehren des heiligen Zahns in Kandy)
Juli/August Vel (Hindufest mit Prozessionen in Colombo, Jaffna und Kataragama)
Oktober/November Deepavali (Hinduistisches Lichterfest)
25. Dezember Weihnachten

FOTOGRAFIEREN
Grandiose Landschaften, farbenfrohe Märkte, großartige Tempel und archäologische Stätten – Sri Lanka bietet reichlich Fotomotive. Menschen lassen sich oft gern fotografieren, es sollte jedoch selbstverständlich sein, vorher um Erlaubnis zu bitten. Teepflückerinnen und Stelzenfischer bitten meist um eine kleine Gebühr für das »Modellstehen«.

In Tempeln und anderen religiösen Stätten wird beim Fotografieren besondere Rücksicht erwartet. Es sollte selbstverständlich sein, Menschen bei der Andacht nicht zu fotografieren. Strikt verboten ist es, vor Buddhastauen oder anderen Darstellungen Buddhas für ein Foto zu posieren.

Die (hohen) Eintrittspreise für die Top-Sehenswürdigkeiten (Anuradhapura, Polonnaruwa, Sigiriya, Zahntempel in Kandy) beinhalten schon die Fotoerlaubnis. Manchmal wird eine zusätzliche Videogebühr erhoben.

Kamerabedarf wie Speicherkarten oder Akkus sind nicht überall verfügbar – am besten, man deckt sich bereits zu Hause mit entsprechendem Zubehör ein.

GELD

100 Rs.	0,60 €
1 €	168 Rs.
1 Sfr	140 Rs.

Landeswährung ist die Sri-Lanka-Rupie (Rs.). Bargeld wechselt man in Banken (Mo–Fr 9–13 bzw. 9–15 Uhr, einige auch an Samstagvormittagen) und Wechselstuben, am einfachsten an der Hotelrezeption bei unwesentlich schlechterem Wechselkurs.

Weit verbreitet sind in größeren Orten und in Touristenzentren Geldautomaten (ATM), an denen man nach Eingabe der PIN-Nummer mit Visacard, Mastercard und oft auch

EC-Karte Geld in Landeswährung abheben kann. Über Gebühren erteilt die heimische Bank Auskunft.

In den meisten Hotels, besseren Restaurants und in internationalen Geschäften oder Einkaufszentren werden Kreditkarten akzeptiert. Gern gesehen sind sie nicht, denn die Gebühren, die vom Verkäufer an das Kreditkartenunternehmen zu zahlen sind, sind relativ hoch. Die Zahlung von Aufschlägen sollte man jedoch ablehnen, sie sind nicht gestattet.

INTERNET

www.auswaertiges-amt.de
Sicherheitshinweise und Adressen der Auslandsvertretungen.
www.fit-for-travel.de
Informationen zur Gesundheitsvorsorge bei Fernreisen – gegliedert nach Ländern.
www.srilanka.travel
Internetauftritt des sri-lankischen Fremdenverkehrsamtes mit schönen Fotos und Informationen zu den Attraktionen des Inselstaats, allerdings nur auf Englisch.
www.colombo.diplo.de
Die Internetseite der deutschen Botschaft in Sri Lanka.
www.sri-lanka-board.de
Sehr informative private Sri-Lanka-Seite auf deutsch.

KLEIDUNG/AUSRÜSTUNG

Leichte Baumwollkleidung ist ideal in den meisten Regionen Sri Lankas. Für Aufenthalte im Bergland sollte man einen Pullover und/oder eine Jacke mitführen. Ein Regenschirm schützt bei Regenschauern, aber auch gegen intensive Sonneneinstrahlung bei der Besichtigung der archäologischen Stätten. Beim Besuch religiöser Heiligtümer wird angemessene Kleidung erwartet. Schultern und Knie sollten bedeckt sein. In Tempeln muss man die Schuhe ausziehen. Zum Schutz der Füße empfiehlt es sich, mindestens ein Paar »Tempelsocken« einzupacken.

KRANKENHAUS

Eine medizinische Grundversorgung ist in den meisten Orten durch einen Arzt oder eine Krankenschwester gewährleistet. In staatlichen Krankenhäusern werden Ausländer wie Einheimische kostenlos behandelt. Die Ärzte sind in der Regel gut ausgebildet, aber die Ausstattung ist meist sehr bescheiden. Deshalb wird eine Spende erwartet. In größeren Städten gibt es neben den staatlichen auch private Krankenhäuser, die in der Regel besser ausgestattet, aber nicht kostenfrei sind. Die Deutsche Botschaft in Colombo hält eine Liste mit Fachärzten und empfehlenswerten Kliniken bereit.

KRANKENVERSICHERUNG

Der Abschluss einer Auslandskrankenversicherung ist ratsam, da zwischen Sri Lanka und Deutschland, Österreich und der Schweiz kein Sozialabkommen besteht. Gegen Vorlage der Arzt- und Krankenhausrechnungen und einer ärztlichen Erklärung werden – je nach Tarif – die Kosten zurückerstattet. Die Versicherung sollte sinnvollerweise den Krankenrücktransport im Notfall einschließen.

MEDIZINISCHE VERSORGUNG

Für Sri Lanka sind keine Impfungen vorgeschrieben. Das Risiko, an Malaria zu erkranken, wird als gering eingeschätzt. Landesweit besteht jedoch ein Übertragungsrisiko für

Dengue-Fieber – vor allem in den Monaten Oktober bis Dezember und Mai bis Juli.

Gute Mückenschutzmaßnahmen (nach Sonnenuntergang langärmelige Kleidung, Sprays und evtl. ein Moskitonetz) werden empfohlen. Weitere Infos unter www.fit-for-travel.de.

NATIONALPARKS

Elefanten, Leoparden, Krokodile und faszinierende Landschaften locken in den zahlreichen Nationalparks. Zu den beliebtesten gehören Yala, Bundala, Udawalawe, Minneriya oder nach dem Ende des Bürgerkriegs auch wieder Wilpattu, der größte Nationalpark des Landes. Neben dem Eintrittspreis (ca. 10–15 US-$) fallen Kosten für die Miete eines Jeeps (ca. 4000–5500 Rs. pro Pirschfahrt) und Trinkgelder für Fahrer und Nationalpark-Guide an.

NOTRUF

Touristenpolizei Tel. 0 11-2 38 22 09
Polizei Tel. 0 11-2 43 33 33
Feuerwehr/Krankenwagen
Tel. 0 11-2 42 22 22

ÖFFNUNGSZEITEN

In Sri Lanka gibt es kein Ladenschlussgesetz. Die meisten Geschäfte öffnen um 10 Uhr und schließen zwischen 18 und 20 Uhr. Sonntags sind viele Geschäfte geschlossen.
Banken sind von 9–15 Uhr geöffnet, manche auch am Samstagvormittag. Postämter sind Mo–Fr von 8.30–17 Uhr geöffnet, am Samstag von 8.30–13 Uhr.

REISEDOKUMENTE

Vor der Einreise ist online (www.eta.gov.lk/slvisa) oder in einer der sri-

NEBENKOSTEN

Frühstück (westlich)	ab 500 Rs.
Lunch/Snack	ab 100 Rs.
Dinner (einfach)	ab 150 Rs.
Dinner (gehoben)	ca. 700 Rs.
Kaffee/Tee	150 Rs.
Softdrink	80 Rs.
Bier	ab 200 Rs.
Cocktail	350–800 Rs.
1 Taxifahrt (pro km)	66 Rs.
Mietwagen/Tag	ab 5500 Rs.

lankischen Auslandsvertretungen im Heimatland eine elektronische Reisegenehmigung (ETA) zu beantragen. Die Bearbeitungsgebühr beträgt 20 US-$. Bei der Einreise in Sri Lanka wird ETA-Inhabern ein Visum für 30 Tage ausgestellt (Verlängerung bis zu 6 Monate ist möglich). Eine Kopie der Zulassung sollte neben dem Reisepass, der noch mindestens 6 Monate über das Datum der geplanten Ausreise hinaus gültig sein muss, mitgeführt werden. Rück- oder Weiterflugticket sind ebenfalls vorzulegen.

REISEKNIGGE

Eine ungewohnte Geste ist das Wiegen des Kopfes. Es bedeutet weder Ablehnung noch Zustimmung, sondern signalisiert, dass das Gegenüber aufmerksam zuhört.
Westliche Besucher sind umworben, sie bringen Geld ins Land und sichern Arbeitsplätze. Die Avancen fliegender Händler können lästig sein, doch wer unwirsch reagiert, verliert sein Gesicht. Besser ist ein freundliches, aber bestimmtes »Nein«. Die Sri Lanker sind freundliche Menschen, und Gastfreundschaft wird großgeschrieben. Doch

nicht immer ist sie uneigennützig. Als Gegengabe für Einladungen werden oft Kontakte im Ausland oder finanzielle Unterstützung erwartet.

Trinkgelder werden in der Dienstleistungsbranche gern gesehen und ergänzen die meist sehr bescheidenen Gehälter. Allerdings sollte man die Kaufkraft des Landes im Auge haben, nicht wahllos große Beträge ausschütten und auf keinen Fall bettelnden Kindern Geld geben.

Besucher religiöser Stätten sollten angemessen und respektvoll gekleidet sein. Beim Betreten von Schreinen und Tempeln müssen die Schuhe ausgezogen und Kopfbedeckungen abgenommen werden. Es ist streng verboten, sich vor einem Abbild Buddhas fotografieren zu lassen.

Auch beim Stadtbummel sorgt angemessene Kleidung für Respekt. Badebekleidung außerhalb des Strandes stößt auf Unverständnis.

REISEN MIT HANDICAP

Unwegiges Gelände und fehlende Rampen machen das Reisen in Sri Lanka zur Herausforderung für Rollstuhlfahrer, viele moderne Hotels verfügen jedoch über behindertengerechte Einrichtungen.

REISEWETTER

In Sri Lanka herrscht tropisches Klima. Die Temperaturen sind über das ganze Jahr hinweg schwülwarm, und man unterscheidet nicht zwischen Jahreszeiten, sondern zwischen Regen- und Trockenzeiten.

An der West- und Südwestküste bringt der Monsun kräftige Regenschauer im Frühjahr (Ende April bis Juni) sowie im Herbst. Während des Sommerhalbjahrs ist außerdem das Meer unruhig und nur bedingt zum Schwimmen geeignet.

Die Ostküste hat dagegen im Hochsommer Saison. Hier fallen die heftigsten Regengüsse im November/Dezember.

Im Hochland sind die Temperaturen generell niedriger. Um Nuwara Eliya kann es sogar recht kühl werden. Hier sind die schönsten Monate mit angenehmen Temperaturen Januar bis März.

SICHERHEIT

Sri Lanka ist ein sicheres Reiseland. Seit dem Ende des Bürgerkriegs im Mai 2009 gab es keine Anschläge mehr. Die Kriminalitätsrate ist niedrig, die üblichen Vorsichtsmaßnahmen auf Reisen sollten dennoch auch hier getroffen werden.

Mittelwerte	JAN	FEB	MÄR	APR	MAI	JUN	JUL	AUG	SEP	OKT	NOV	DEZ
Tagestemperatur	30	31	31	31	30	29	29	29	29	29	29	29
Nachttemperatur	22	22	23	24	25	25	25	25	26	24	23	22
Sonnenstunden	8	9	8	7	6	5	6	6	6	7	6	8
Regentage pro Monat	10	6	11	17	23	22	16	14	17	22	20	12
Wassertemperatur	27	27	27	27	29	29	27	27	27	27	27	27

SPRACHE

Sri Lanka hat zwei offizielle Sprachen, Singhalesisch und Tamil. Englisch ist aber weit verbreitet, besonders bei Beschäftigten im Tourismus.

STROM

Das Stromnetz führt fast überall 230 V Wechselstrom. Vielfach sind Adapter nötig, die oft an der Hotelrezeption ausgeliehen werden können.

TELEFON/INTERNET
VORWAHLEN

D, A, CH ▸ Sri Lanka 00 94
Sri Lanka ▸ D 00 49
Sri Lanka ▸ A 00 43
Sri Lanka ▸ CH 00 41

Beim Telefonieren aus dem Hotel fallen hohe Gebühren an. Sehr viel günstiger sind Anrufe aus privaten Telefonbüros (auf den Hinweis ISD oder IDD achten) oder von Kartentelefonen aus. Wer vor Ort viel telefoniert, sollte sich eine SIM-Karte eines einheimischen Mobilfunkanbieters besorgen (300–500 Rs.), mit der man preisgünstig auch nach Europa telefonieren kann.
Internetzugang ist in fast jedem Hotel und in zahlreichen Cyber-Cafés vorhanden.

TRINKGELD

Die Löhne von Kellnern, Zimmerboys oder Kofferträgern fallen sehr bescheiden aus. Trinkgelder sind im touristischen Servicebereich deshalb ein wichtiger Bestandteil des Einkommens. Im Restaurant sind 10 Prozent üblich, Kofferträger bekommen pro Gepäckstück ca. 1 €, Fahrer und Reiseleiter freuen sich über ein Trinkgeld von mindestens 2 € pro Person und Tag.

VERKEHR
BUS

Fahrten in Überlandbussen sind günstig, aber unflexibel, unbequem und wegen gewagter Überholmanöver der Fahrer nur nervenstarken Reisenden anzuraten. Informationen über das Sri Lanka Central Transport Board (www.transport.gov.lk).

ZUG

Ebenso günstig wie der Bus, aber bequemer ist die Reise mit dem Zug, der Columbo mit Kandy, Nuwara Eliya, Trincomalee, Batticaloa oder Galle verbindet. Information zu Fahrzeiten und Preisen findet man auf der Internetseite www.railway.gov.lk, wo man auch gleich Tickets reservieren kann. Ein besonderes Erlebnis ist die Zugfahrt von Kandy ins Hochland nach Badulla. Preisbeispiel: Colombo–Kandy 340 Rs. (1. Klasse), 190 Rs. (2. Klasse). Luxuriöser und entsprechend teuer sind Fahrten im Viceroy Vintage Train, ein Nostalgiezug, der vom letzten Dampfross der Insel gezogen wird (www.jftours.com/viceroy-vintage-train-tours) oder im Rajadhani Express (www.blueline.lk).

TAXI

Taxis verfügen nur in Colombo über Taxameter (66 Rs./km). Im ganzen Land findet man Three-Wheelers bzw. Tuk-Tuks (Dreiradtaxis), deren Fahrpreise auszuhandeln sind. Richtpreis sind 50 Rs./km.

MIETWAGEN

Einen Mietwagen (ab 3500 Rs./Tag) selbst zu steuern ist angesichts des chaotischen (Links-)Verkehrs nicht empfehlenswert.

Die komfortable Alternative: Mietwagen mit Chauffeur sind über Reiseagenturen, z.B. über www.quickshaws.com (ca. 7000 Rs./Tag, 100 km inkl.), buchbar. In vielen Fällen wissen die Fahrer auch Interessantes über Land und Leute zu berichten. Oft bieten auch Taxifahrer für Tagesfahrten oder längere Touren ihre Dienste an – Preise abhängig von Mietdauer und Zustand des Wagens (ab ca. 5500 Rs./Tag). Zimmer für den Fahrer werden in den meisten Hotels gestellt. Die Konditionen sind im Vorfeld abzusprechen.

WASSER

Das Leitungswasser sollte nicht getrunken werden. In Plastikflaschen abgefülltes Wasser ist überall preisgünstig erhältlich (achten Sie darauf, dass der Verschluss unversehrt ist).

ZEITUNGEN

Englischsprachige Zeitungen wie »Daily News«, »Daily Mirror« oder »The Island« sind weit verbreitet.

ZEITVERSCHIEBUNG

Mitteleuropäische Zeit + 4,5 Stunden, während der europäischen Sommerzeit + 3,5 Stunden.

ZOLL

Zollfrei dürfen 1,5 Liter Spirituosen und 2 Flaschen Wein, 200 Zigaretten oder 250 g Tabak, 250 ml Eau de Toilette und Souvenirs, deren Wert 250 US-$ nicht überschreitet, eingeführt werden. Bargeld, das die Summe von 10 000 US-$ übersteigt, muss deklariert werden.

Zollfrei ausgeführt werden dürfen bis zu 10 kg Tee. Die Ausfuhr von Antiquitäten – alles, was mehr als 50 Jahre alt ist, wie kostbare Bücher, Palmblattmanuskripte oder Altertümer – ist strengstens verboten. Das Ausfuhrverbot gilt auch für Pflanzen, Tiere oder tierische Produkte, die unter das Washingtoner Artenschutzabkommen fallen.

Nicht ausgegebene Rupien können vor der Ausreise gegen Vorlage der Wechselquittung getauscht werden.

ENTFERNUNG (IN KM) ZWISCHEN WICHTIGEN ORTEN IN SRI LANKA

	Anuradhapura	Batticaloa	Colombo	Galle	Hambantota	Jaffna	Kandy	Nuwara Eliya	Polonnaruwa	Trincomalee
Anuradhapura	-	200	211	310	330	195	135	200	100	110
Batticaloa	200	-	300	350	250	370	205	220	130	140
Colombo	211	300	-	125	240	360	120	160	220	265
Galle	310	350	125	-	130	480	230	250	330	380
Hambantota	330	250	240	130	-	540	240	165	280	390
Jaffna	195	370	360	480	540	-	320	395	280	230
Kandy	135	205	120	230	240	320	-	75	135	190
Nuwara Eliya	200	220	160	250	165	395	75	-	205	260
Polonnaruwa	100	130	220	330	280	280	135	205	-	110
Trincomalee	110	140	265	380	390	230	190	260	110	-

Kartenatlas

Maßstab 1:700 000

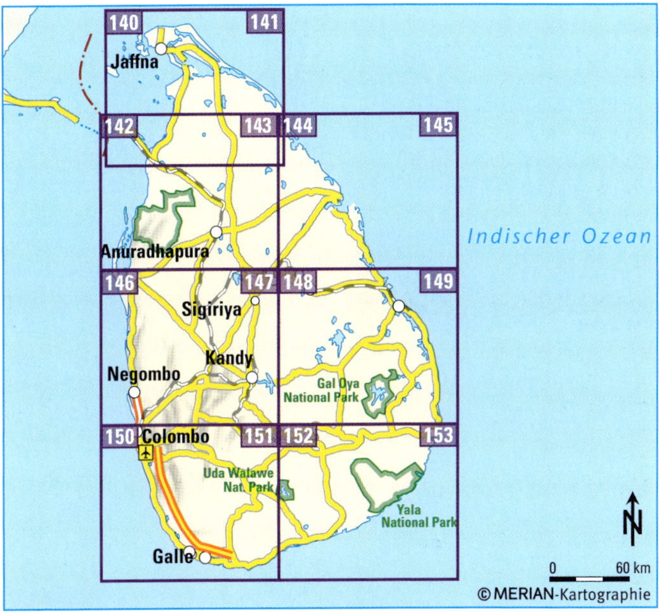

```
Indischer Ozean

140  141
Jaffna

142  143 144    145

Anuradhapura

146  147 148    149
Sigiriya
Kandy
Negombo                  Gal Oya
                         National Park

150 Colombo 151 152     153
        Uda Walawe
        Nat. Park
                      Yala
                      National Park
Galle
```

0   60 km

© MERIAN-Kartographie

Legende

Routen und Touren

 Höhepunkte Sri Lankas - Kultur und Natur (S. 114) Start S. 114, B16

Sehenswürdigkeiten

10 MERIAN-TopTen

10 MERIAN-Tipp

☐ Sehenswürdigkeit, öffentl. Gebäude

✳ Sehenswürdigkeit Kultur

✳ Sehenswürdigkeit Natur

⛪ ⛪ Kirche; Kloster

🏰 🏯 Schloss, Burg; Ruine

卍 Hinduistischer Tempel

▲ Buddhistischer Tempel

🏛 Museum

Sehenswürdigkeiten ff.

⚑ Denkmal

⛯ Leuchtturm

∴ Archäologische Stätte

∩ Höhle

Verkehr

═══ Autobahnähnliche Straße

═══ Fernverkehrsstraße

─── Hauptstraße

─── Nebenstraße

─── Unbefestigte Straße, Weg

─── Fußgängerzone

Ⓑ Ⓗ Busbahnhof; Bushaltestelle

⚓ Schiffsanleger

✈ ⊕ Flughafen; Flugplatz

Sonstiges

ℹ Information

🎭 Theater

🛍 Markt

🦓 Zoo

🏛 Botschaft, Konsulat

⛳ Golfplatz

🏖 Strand

✺ Aussichtspunkt

☐ National-, Naturpark

🌿 Nationalpark

A   **B**   **C**

1

2

3

4

Nageswaram Temple
Tholagatty Rosarian Ashram
Valveddíturrai
Point Pedro
Kankes-anturai
Keerimalai
Valalai
Puloli
Vasa-vilan
Nelliadi
Val
Selva Sannathi Kovil
Krishnan Kovil
Pandatta-rippu Tellippalai
Palali
Achenuvely
Kara-veddy
Vallipur
Moolai
Kantarodai
Maviddapuram Kandasamy Kovil
Puttur
Varani
Chankanai
Chunnakam
Karainagar
Vaddukkoddai
Fort Hammenhiel
Kalapoomy
Arali
Kokkuvil
Sarasalai
Kodikamam
Kayts
St. Mary's Cathedral
Nallur Kandaswamy Kovil
Kaitadi
Karampan
Ancient Tamil Capital, Archaeological Museum
Narantanai
Jaffna
Navatkuli
Chavakachcheri
Suruvil
Irruppiddi
Allaippiddi
Mandaitivu
Nagadeepa Viharaya
Nagapooshani Kovil
Kalmunai
Kavutarimunai
Wild Ponies
Meveliturai Jetty
Cheo Kurio
Pooneryn
Kodikama M
Kunthavedi
Palavi
Nawaladi
Valappadu
Chunnavil
Veravil
Kiranchi
Kunc
Kumulamunai
Oddankulam
Talaimannar
Pesalai
Kurynthankulam
Parappukal
Attimoddai
Ira
Nadukkuda
Portuguese Church
Toddaveli
Vidattaltivu
Koyitkulam
Malivadi
Mannar
Pallamadu
St. Mary's Cathedral
Thirukethis waram
Periyamadhu
NORTHER
Talladi
Adampan
Thirukesvaram
Uyilankulam
Madnu Road Sanctuary
Palampido
Vankalai
Giant's Tank Sanctuary
Madhu
Roman Church
Nanaddan
Murunkan
Kovitkulam
Arippu
142
kulam
Paraiyanalan-kulam
Silavatturai
Madnu Road
Periya

A   **B**   **C**

ai
m Hindu Temple
ram
analkadu

npan

Kudarappu

Chempiyanpattu

Pallai

nmakkeni
Soranpattu   Iyakachchi   Mulliyan

Vannankulam

Chundikkulam Bird Sanctuary

Elephant Pass
Saltern Siding

Chundikkulam Bird Sanctuary

Uriyan   Chundikkulam

Periyapa-
ranthan

Murasumoddai
kandavai   Kilinochchi   **Puliyanpokkanai Temple**   Kariyali-
an Kovil   **Kanagambikai Kovil**   vayal   Chalai
   Vaddakkachchi

Putumattalan

Iranamadu   Valayanmadam

m

Kokavil
(Old)   Puthukkudiyiruppu   Vadduvakallu

**Terumurikandi
Kovil**   Terumurikandi   Keppapulavu   Mullaittivu
Kokavil (New)   Pirappuvedduvan

          Mutaliyarkulam   Mulliyawalai

         Katkulam

nkulam   Kachchilamadu   Alampil
Panikkankulam   **Thanthorees**   Kumulamunai   Chemmalai
nukkai   Olamadu   Oddusuddan   Kodalikkallu   **Kurulan
Vadakadu   Karuppadda-**   **Malai**
avi   Vannivilan-   Mankulam   murippu
kulam

       Appakkuttiki-   Tanduvan
kulam   nattadi
Panahkamam   Putuvilan-   Kanakarayan-
kulam   kulam
Nedunkeni

PROVINCE   Putur   Paddikkudiyiruppu

umurippu   **Melkulam
Intermediate**   Puliyan-   Marutodai
kulam

      Panikkaniravi   Chamalankulam   Siripura
Pokkar-   Malikai   Uttukkulam   Parakramapura   Eramadu
vanni   Irampaikkulam
ic   Vannankulam   Ilamaruthankulam
Iranai   Noachchikkulam   Omantai   Padawiya
ppaikkulam   Tavasiyakulam

Vellankulam
ndisurichchan   Mamaduwa
                 kanda   Kakachchakbdiya
Nelukkulam   araya

0   12 km

© MERIAN-Kartographie

1

2

3

4

144

143

D   E   F

A B C NORT

140

Nadukkuda
Malivadi
Eddaveli
St. Mary's
Cathedral
Mannar
Talladi
Thirukesvaram
Vankalai
Nanaddan
Arippu
Silavatturai
Kondaichchi

Church
Vidattaltivu
Pallamadu
Koyitkulam
Thirukethis-
waram
Periyamadhu
Adampan
Uyilankulam
Murunkan
Veppankulam
Kovitkulam
Madhu Road
Periyakun-
chukkulam
Periyamurippu
Giant's Tank
Sanctuary
Ma

5

Karadikkuli
Mullikkulam
Marichchukkaddi
Rajama
Kaaradumunai
Pallugaturai
Mahawilachchiya
Pa
Wilpattu
Hetamb
National Park
Itt
Karuwalakuda
Kirimundal
Stone Age
Grave Yard
Pomparippu
Mulakandaveli
Hunuwilagama
Aruvakalu
5
Kalpitiya
Karaitivu
Puliyankulam
Lindawewa
Maragawewa
Pahala
Puliyankulama
Kala Oya

6

7

Vannativillu
Nagamadu
Palugassegama
NORTH WESTERN
Wirap
Galawewa
Warawewa
Paha
Giribaw
St. Anne's Church
Andankani
Kumbukwewa
Nuraicholai
Tabbowa
Sellankandal
Karuwalagaswewa
Hasthiku
Murukku-
watawana
Tammanna-
wetiya
Puttalam
Kalladi
Galkulama
Palavi
Galkulama
Sri Bodhiruk-
karamaya
Kollan-
kulama
▲ **Pithihendawa A**
Senasanaya
Mah

8

Kottukachchiya
Tetapolai
Andigama

A B C

Maduranktti
Dangaswewa
Tonigola
Perukuwattan
Mangalaweli
Anamaduw
Mahakumbukkadawala
Paramakan
▲ Rajamaha Viharaya
kumbukwewa
Aluttama
Meewell
Vihara

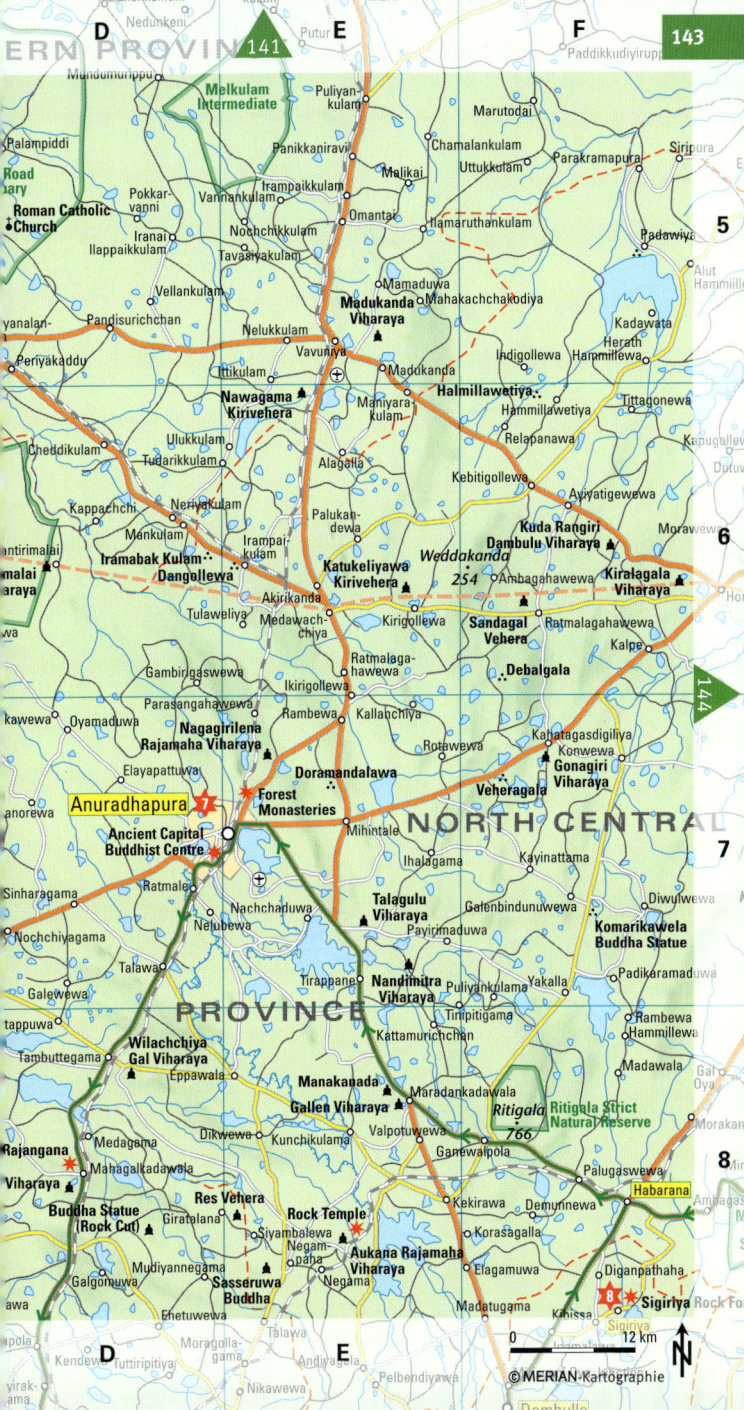

A   B   C

Indisc

Kokkitai Bird Sanctuary
Kokkilai

9

Siripura

Eramadu

Pulmoddai
Pulmoddai

Alut
Hammiillewa

**Dehiwatta
Sivan Kovil**
Tiriyai
Tiriyai

Kuchchaveli

ʼadaʻnaya

Pangurugaswewa

wata

Kapugollewa

Tirappanai
Gomarankadawela

**Hot & Cold
Springs**

10

Dutuwewa

Pankulam

**Velgam
Vihara**

Nilaveli Beach

10

Sampaltivu

Sempadu
Pigeon Island

Uppuveli

**Sri Gajaba
Len Viharaya**

Kanniya
**Kanniya
Hot Wells**

Trincomalee

Ratmale

Vayiriuttu

China
Bay

**Koneswaram Kovil
Old Dutch Fort**

Horowupotana

**Naval Headworks
Sanctuary**

Kinniyai

Sivan Kovil

Parangiyawadiya

Tampalakaman

Tamaraivillu
Mutur

Sampur

Ilakkantai

Anaolondewa

Tinneriveli

Kaddaiparichchan

Malaimuntai

Dematawewa

Palattadichchenai

Toppur

Kankuveli

Seruwawila

11

Kantale

Potankadu
Agbopura

EASTERN

**Killivedi
Amman Kovil**

Kiliveddi

Somapura

Ichchilamp

Sunkankuli

Kandurakanda
293

Alut
Oya

**Somawathie Chaitiya
Sanctuary**

Vellai

**Trikonmadu Natural
Reserve**

Verugal

**Verug
Kandas**

Ka

mbewa
nmillewa

Ambagaswewa

Wadigewewa

Mawila

awala

Gal
Oya

Medirigiriya

Palliyagodella

Morakanda

Diwulankadawala

Talakolawewa

**Somawathi
Dagoba**

Trikonamadu

barana

Minneriya

Nagalakanda

Hingurakgoda

Sungawila

Kandakadu

**Minneriya
Giritale
Sanctuary**

Javanthipura

Giritale

12

Diwulwewa
Statue

awela
ramaduwa

CENTRAL

Ambagaswewa

irgila Rock Fortress

Katukeliyawa

Sanctuary

Tambala

Onegama

Mutugalla
Welikanda

Diwulana

**Ruins of
Ancient Capital
Polonnaruwa**

Kaduruwela

Kadi

143

A   B   C

148

Ganangolla

Galtelli

Wasgomuwa Strict
Natural Reserve

Angamedilla

Hotihwia 534

ahaha

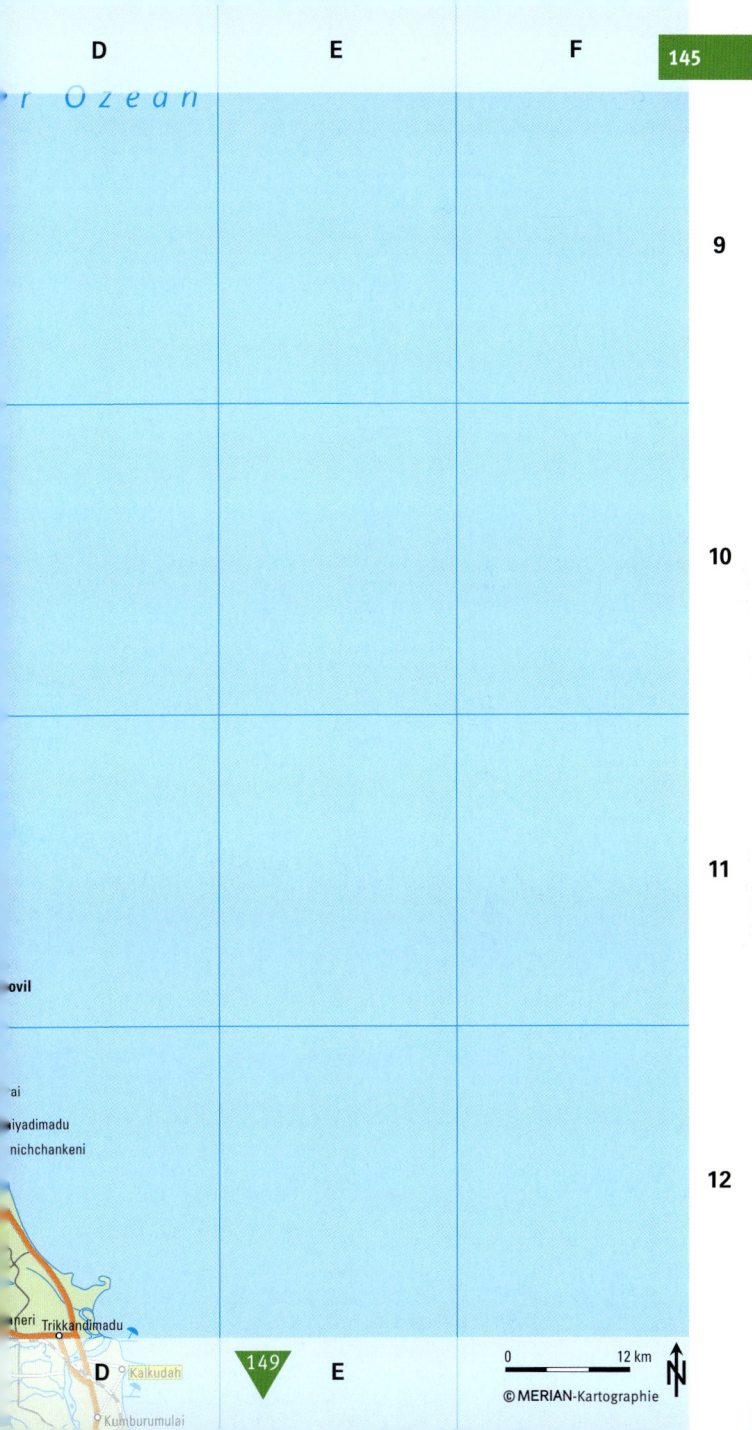

r Ozean

9

10

11

ovil

ai
iyadimadu
nichchankeni

12

neri   Trikkandimadu

Kumburumulai

0   12 km

© MERIAN-Kartographie

N

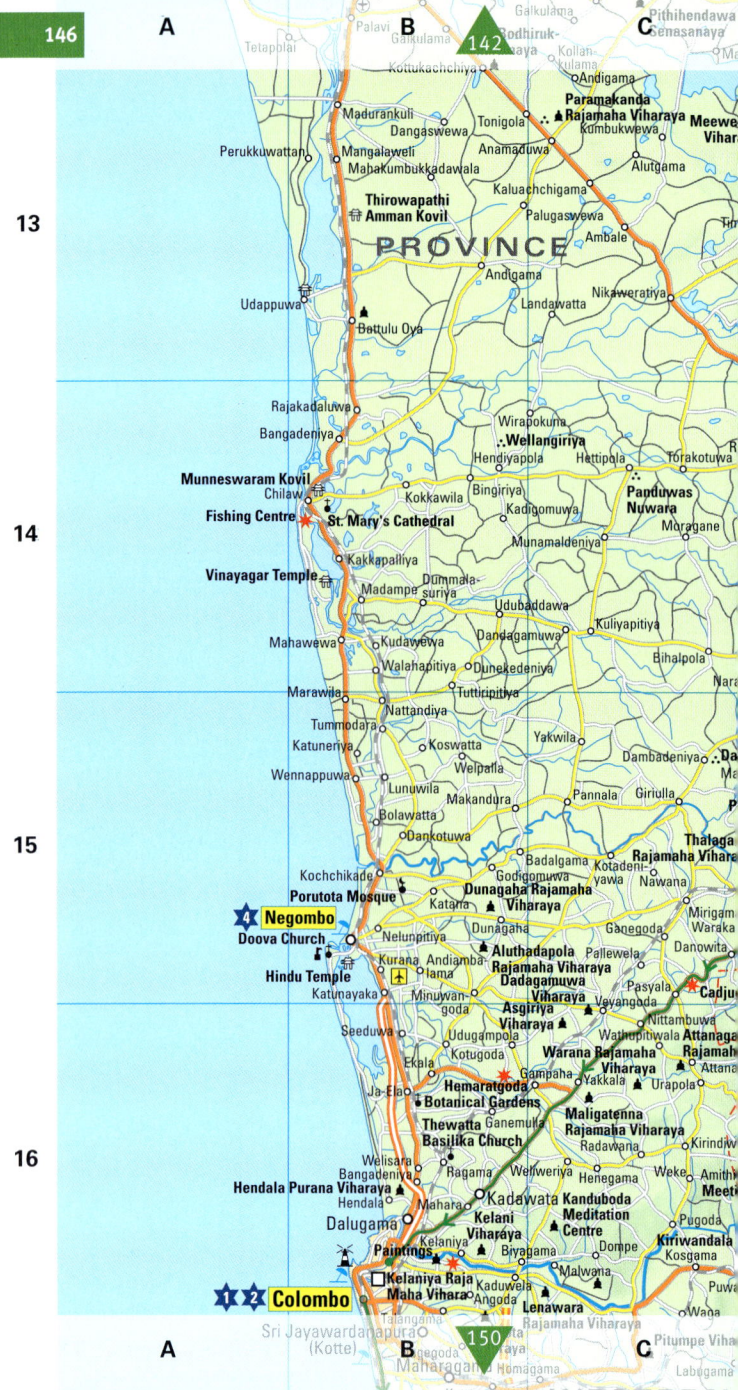

A B C

13

14

15

16

A B C

PROVINCE

WESTERN

Kalladi
Galkulama
Tetaplai
Palavi
Galkulama
Bodhiruk-aya
Kollan-kulama
Pithihendaya
Senasanaya
Kottukachchiya
142
Andigama
Madurankuli
Tonigola
Paramakanda
Rajamaha Viharaya
kumbukwewa
Meewe Vihar
Dangaswewa
Anamaduwa
Mangalaweli
Mahakumbukkadawala
Kaluachchigama
Alutgama
Perukkuwattan
Thirowapathi
Amman Kovil
Palugaswewa
Ambale
Udappuwa
Andigama
Nikaweratiya
Landawatta
Battulu Oya
Rajakadaluwa
Wirapokuna
Bangadeniya
Wellangiriya
Hendiyapola
Hattipola
Torakotuwa
Munneswaram Kovil
Chilaw
Kokkawila
Bingiriya
Kadigomuwa
Panduwas Nuwara
Fishing Centre
St. Mary's Cathedral
Moragane
Kakkapalliya
Munamaldeniya
Vinayagar Temple
Dummala-suriya
Madampe
Udubaddawa
Kuliyapitiya
Mahawewa
Kudawewa
Dandagamuwa
Bihalpola
Walahapitiya
Dunekedeniya
Nara
Marawila
Tuttiripitiya
Tummodara
Nattandiya
Yakwila
Katuneriya
Koswatta
Dambadeniya
Da
Wennappuwa
Welpalla
Pannala
Giriulla
Lunuwila
Makandura
Thalaga
Bolawatta
Rajamaha Vihar
Dankotuwa
Badalgama
Kotadeni-yawa
Nawana
Kochchikade
Godigomuwa
Porutota Mosque
Dunagaha Rajamaha
Katana
Mirigam Waraka
Viharaya
4 **Negombo**
Nelunpitiya
Dunagaha
Ganegoda
Danowita
Doova Church
Andiamba-
lama
Pallewela
Kurana
Aluthadapola
Hindu Temple
Minuwan-goda
Rajamaha Viharaya
Pasyala
Cadju
Katunayaka
Dadagamuwa
Veyangoda
Viharaya
Seeduwa
Udugampola
Asgiriya
Nittambuwa
Attanga
Viharaya
Wathupitiwala
Rajamah
Kotugoda
Warana Rajamaha
Attana
Ekala
Gampana
Viharaya
Urapola
Ja-Ela
Hemaratgoda
Yakkala
Botanical Gardens
Maligatenna
Thewatta
Ganemula
Rajamaha Viharaya
Basilika Church
Radawana
Kirindiw
Welisara
Ragama
Welliweriya
Henegama
Weke
Amith
Bangadeniya
Hendala Purana Viharaya
Kadawata
Kanduboda
Meet
Hendala
Maharo
Kelani
Meditation
Dalugama
Viharaya
Biyagama
Dompe
Kiriwandala
Paintings
Kelaniya
Malwana
Kosgama
Colombo
1 2
Kelaniya Raja
Kaduwela
Pugoda
Puwa
Maha Vihara
Angoda
Lenawara
Waga
Sri Jayawardanapura
(Kotte)
Talangama
Rajamaha Viharaya
Pitumpe Viha
150
Labugama
Homagama
Kottawa
Maharagama

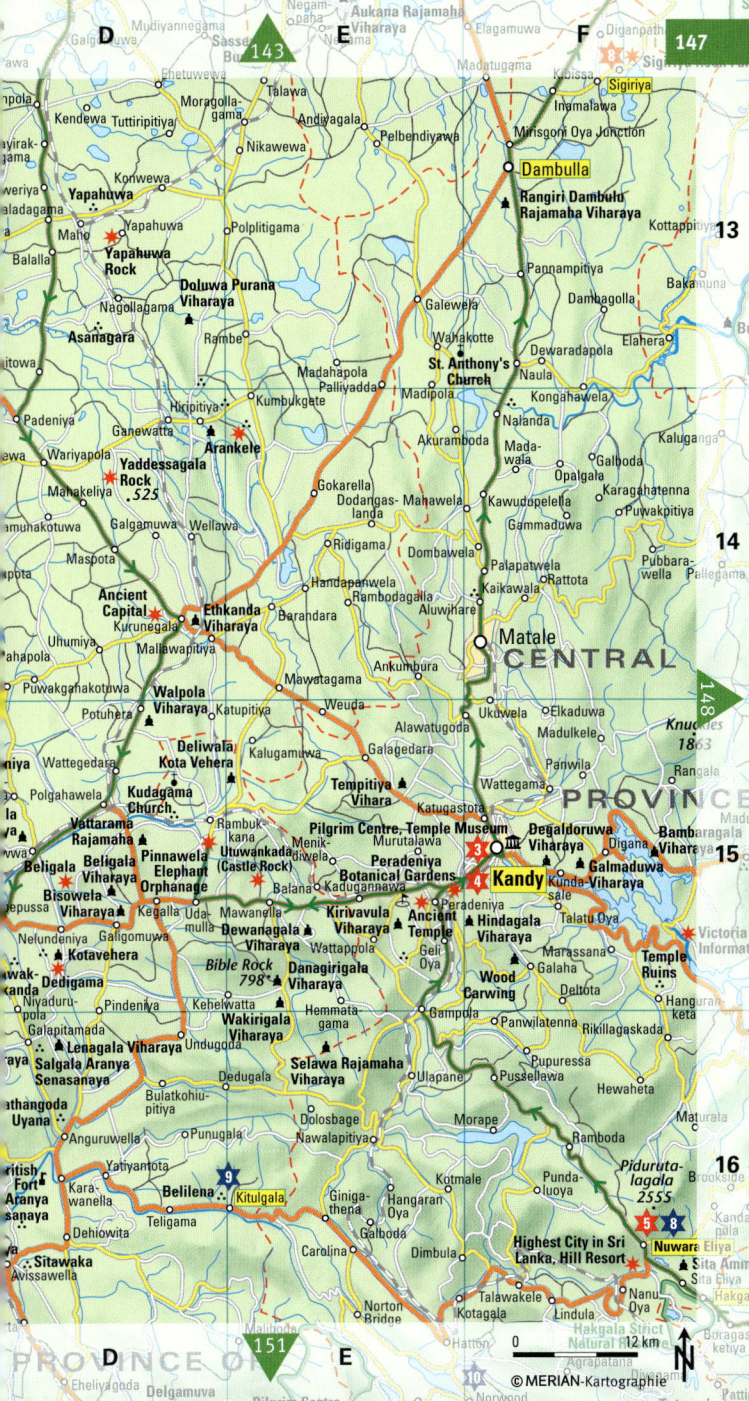

A B C

Ancient Capital
Polonnaruwa
Ruins of
Katuliatyana Giritale Jambala
Divulana
Kaduruwela Mannam-
Ganangolla pitiya
Gallella Kolakanaweli
Wasgomuwa Strict
Natural Reserve
Angamedilla Hotiwila 534
Gunners
Quoin
Yakkure Dimbulagala
Flood Plains Rajamaha Viharaya
National Park
Meyankolla

17 Aralaganwila

Wasgomuwa Strict
Natural Reserve

Buduruwayaya Ulpothawewa

PROVINC

Yodaganawa Dehiattekandiya

Omuna

Kaluganga Madaru Oya
National Park

atenna Dolagalwela **Hot**
akpitiya **Springs**
ubbara- Kudavila Pul
ella Maha Oya

18 Guruwala Hettipola **Serankada**
Padawala Palaturuella
Hembarawa Serankada
Ellegoda

Giranduru-
kotte **Kokagala**
687

147 Aluttarama

Knuckles Beligalla
1863
Rangala Hanwella **Mawaragala** Waywatta
Rasalaka Mahiyan- **Aranya**
VINCE Madugoda gana **Senasanaya** Kehelulla
agala Weragantota **Miyuguna**
19 Hunnasgiriya **Maha Seya** **Senasungala**
Mahawala **Aranya**
Meda Maha Rerupitiya Ekiriyankumbura
Nuwara **Nagadeepa**
Victoria Dam **Viharaya**
Information Centre Minipe Ululla Bulupitiya
temple- Uraniya
uins Karametiya Radaliyadda Nilgala
Hangura- Arawa Bibile Pitakumbura
keta
Pannala
Kanulwela Embilipitiya
Teripeha Yalakumbura Katabowe
Matutata Nildandahinna
ala Dambagolla Taldena Matulsima Lunugala **Temple**
Brookside Meditale Medagama Damba-
20 Madulla galla
55 Ragala Ketawela **Muthiyangana** Metigahatenna Amunekandura
Kanda- **Rajamaha Viharaya**
Nuwara Eliya pala **Badulla** 2036
Sita Amman Kovil Hali Ela **Namunakula** Passara Gamewela
Sita Eliya Ettamitiya **Neranna-**
Hakgala Welimada Demodara Liva
Boragas- Malitta Bamunuki **PROVINCE OF UV**
kebiya Keppetipola Dova Ella
Totapola Viharaya Ella Gap Ballaketu- Hulandawa Monaragala
Pattipola Ella tuwa Bogahapelessa

152

A B C

17

18

19

20

Trikkandimadu
Kalkudah
Kumburumulai
Siththandy
Kandasay Kovil
Iralakkulam
Chenkaladi
Eravur
Mammankeswaram
Temple
Palameenmadu
Koddamunai
Karadiyanaru
Batticaloa
St. Mary's Co-Cathedral
Mahilavad-
davan
Mantivu
Eldest Dutch Settlement
Ayittiyanalai
Kattankudi
Kokkadicholai
Thanthonreswarar Kovil
Kanchurankudah
Kokkadich-
cholai
Thanthomalai
Murugan Kovil
Korukkapuliyuttu
Cheddipalaiyam
Pulukunava
Pulukunavai
Divulana
Vellaveli
Paddiruppu
waragala
Rajagala
Mandur
Kallar
Friars Hood
658
Bakkiella
PandirippuThirowpathy
Temple
Samangala
Kalmunai
Sainthamaruthu
Gonagolla
Chadayantalawa
Sorikalmunai
Kannakai
Amman Temple
Uhana
Karativu
Kadurugola
Samman-
turai
Nintavur
Pulladiputti
Sengapadai
Kondavattavan
Ampara
Digawapi
Palamunai
Inginiyagala
Irakkaman
Irakkamam
Padagoda
Damana
Akkaraipattu
Owagiri
Temple
Mullikulammalai
Sinnamuhattuvaram
Kiwulegama
Pathangoda
Viharaya
Wadinagala
Tirukkovil
Gal Oya
ational Park
duluwela
Thottama
Chithravelayudam Swamy
Temple
Buddama
Kotagoda
Mirahala
558
Weragoda
Westminster
Abbey
Kumbukgolla
Kandanketiya
Komari
Newugala
Hulanuge
Polgahama
Kodayana
Siyambalan-
duwa
Lahugala
Kotavehera
Senga-
muwa
Pottuvil
Mudu Viharaya
Wattumbegoda
Magul Maha
Vihara
© MERIAN-Kartographie
Mannakkulava
Arugam bay

0   12 km

N

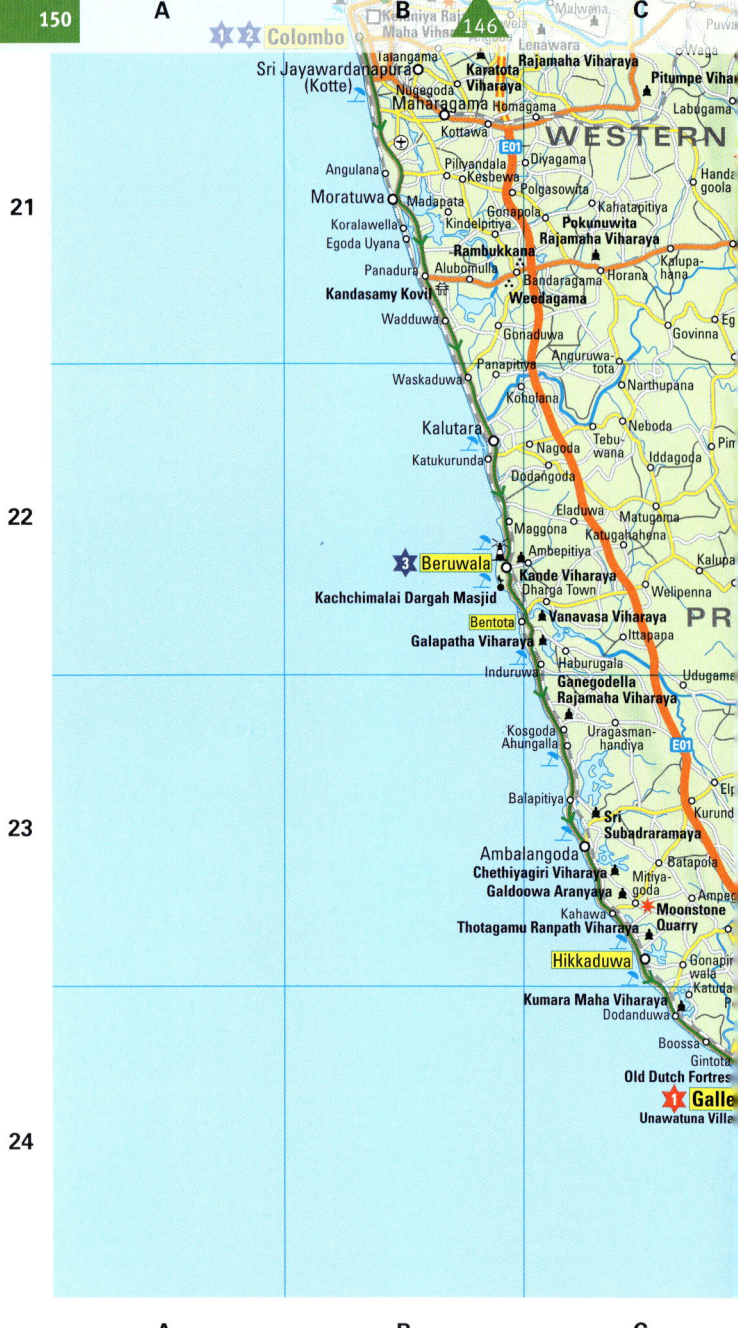

A

B

C

Colombo

146

Maha Vihar

Rajamaha Vih

Kelaniya Raj
Paintings

Biyagama

Dompe

Kiriwandala
Kosgama

Puwa

Waga

Lenawara

Malwana

Sri Jayawardanapura
(Kotte)

Nugegoda

Karatota
Viharaya

Rajamaha Viharaya

Pitumpe Viha

Labugama

Maharagama

Homagama

Kottawa

WESTERN

E01

Diyagama

Pillyandala

Angulana

Kesbewa

Polgasowita

Handa
goola

Moratuwa

Madapata

Gonapola

Kahatapitiya

Koralawella

Kindelpitiya

Pokunuwita

Egoda Uyana

Alubomulla

Rambukkana

Rajamaha Viharaya

Kalupa-
hana

Panadura

Horana

Kandasamy Kovi

Bandaragama

Weedagama

Eg

Govinna

Wadduwa

Gonaduwa

Anguruwa-
tota

Waskaduwa

Panapitiya

Narthupana

Koholana

Kalutara

Tebu-
wana

Neboda

Nagoda

Iddagoda

Pin

Katukurunda

Dodangoda

Eladuwa

Matugama

Maggona

Katugahahena

Kalupa

3 Beruwala

Ambepitiya

Kande Viharaya

Kachchimalai Dargah Masjid

Dharga Town

Welipenna

PR

Bentota

Vanavasa Viharaya

Galapatha Viharaya

Ittapana

Induruwa

Haburugala

Ganegodella
Rajamaha Viharaya

Udugame

Kosgoda

Uragasman-
handiya

E01

Ahungalla

Balapitiya

Elp

Sri
Subadraramaya

Kurund

Ambalangoda

Batapola

Chethiyagiri Viharaya

Mitiya-
goda

Galdoowa Aranyaya

Ampeg

Kahawa

Moonstone
Quarry

Thotagamu Ranpath Viharaya

Hikkaduwa

Gonapir
wala

Kumara Maha Viharaya

Katuda
P

Dodanduwa

Boossa

Gintota

Old Dutch Fortres

1 Galle

Unawatuna Villa

21

22

23

24

A

B

C

A   B   C

Nuwara Eliya
Sita Ammam Kevil
Metigahatenna
Damba-galla

Welimaya
Boragas-ketiya
Keppetipola
Pattipola
Boralanda
Ohiya
Totapola
2359
ains

Demodara
Malitta
Dova
Viharaya
Ella
Ella Gap
Bandarawela
Hill Resort
Diyatalawa

Namunukula
2036
Namunukula
Badalkumbura
Nakkala
Iuwa
Hulandawa
Monaragalla

Namunukula
Bogahapelessa
Hingurukaduwa
Kumbukkana

25
World's
End

Kalupahana
Haldumulla
Beragala
Haputale
Koslanda

Wella-waya
Owangiriya
Selaweli
· 666
Wadinahela
Watta

Yudaganawa
Dagoba
Buttala
Okkampitiya

Habassa
Budugalge
Konketiya
Maligawila
Buddha Stat

Bintenna
723
Gampaha
Buduruwa-gala

Talakola-wewa
Veherayawa

Ugalkaltota
Hituwalena
Mola-mure
Alutwewa

Thelulla
Weedamaha
Kotavehera
Balaharuwa

Telulla

Ashtapala
Bodhiya
Hambegamuwa

Kuda Oya

26
ulwela Rajamaha Viharaya

Uda Walawe
National Park

Angunakolapelessa
Nikawewa
Badagama

Tanamalwila

Pilgrim
Centre

Kataragama
424
Kataragama
Peak

151
Maduwan-wala
Mahanaga
Viharaya

Panamure
Embilipitiya
Mahagama

Kotakumbukka
Migahajandura
Udamattala

Lunuganwehera
Pannegamuwa

Tanjanagaram
Magu
Vihan

Therunnan-
Putana
ansegama
Viharaya

Pilimagala
Hot
Spring
Mudunagala
Ridiya-gama
Karambagala

Wirawila Bird
Sanctuary
Keliya-walana
Weligatta

Debara-wewa
Tissamaharama
Temples,
Museums
Kirinda
Kirinda

Palatupana

27
Kariyama-ditta

Siyambalagoda

Udayala
Kasagala
Viharaya

Ruins

Hungama
Ranna

Ambalantota
Nona-gama
Goda-waya

Udamalala
Mirijja-wala
Hambantota

Bundala
Sanctuary
Bundala

Mara-kollya
Tangalla

Kahandamadara
Rekawa

28
muwa
ala Buduraja Viharaya

A   B   C

Newugala

Polgahama

149

Hulanuge

Lahugala

Kodayana   Siyambalan-duwa   Kotavehera   Senga-nuwa   Pottuvil

Wattumbegoda   Lahugala   **Magul Maha Vihara**   **Mudu Viharaya**

Mannakkulaya   *Arugam Bay*

iyagala   Wattegama   Raddella   **Rathnawela Viharaya**

25

Panama

Wedagama

Dombagahawela

Wessigewela   **Udantai Murugan Temple**

Kudimbigala   Okanda

Mahawelatota

Yala National Park   **Kudumbigala**
2   ★ **Marescaux Rocks**

Kumana

26

ahuwa   Yala   27

Indischer Ozean   28

0   12 km

© MERIAN-Kartographie

D   E

N

Kartenregister

Orts- und Sachregister

Wird ein Begriff mehrfach aufgeführt, verweist die **fett** gedruckte Zahl auf die Hauptnennung, eine *kursive* Zahl auf ein Foto.
Abkürzungen:
Hotel [H]
Restaurant [R]

Liebe Leserinnen und Leser,
vielen Dank, dass Sie sich für einen Titel aus unserer Reihe MERIAN *live!* entschieden haben. Wir freuen uns, Ihre Meinung zu diesem Reiseführer zu erfahren. Bitte schreiben Sie uns an merian-live@travel-house-media.de, wenn Sie Berichtigungen und Ergänzungen haben – und natürlich auch, wenn Ihnen etwas ganz besonders gefällt.

Alle Angaben in diesem Reiseführer sind gewissenhaft geprüft. Preise, Öffnungszeiten usw. können sich aber schnell ändern. Für eventuelle Fehler übernimmt der Verlag keine Haftung.

© 2013 TRAVEL HOUSE MEDIA
  GmbH, München
MERIAN ist eine eingetragene Marke der GANSKE VERLAGSGRUPPE.

Alle Rechte vorbehalten. Nachdruck, auch auszugsweise, sowie die Verbreitung durch Film, Funk, Fernsehen und Internet, durch fotomechanische Wiedergabe, Tonträger und Datenverarbeitungssysteme jeglicher Art nur mit schriftlicher Genehmigung des Verlages.

BEI INTERESSE AN DIGITALEN DATEN AUS DER MERIAN-KARTOGRAPHIE:
kartographie@travel-house-media.de

BEI INTERESSE AN MASSGESCHNEI-DERTEN MERIAN-PRODUKTEN:
Tel. 0 89/4 50 00 99 12
veronica.reisenegger@travel-house-media.de

BEI INTERESSE AN ANZEIGEN:
KV Kommunalverlag GmbH & Co KG
Tel. 0 89/9 28 09 60
info@kommunal-verlag.de

TRAVEL HOUSE MEDIA
Postfach 86 03 66
81630 München
merian-live@travel-house-media.de
www.merian.de

1. Auflage

PROGRAMMLEITUNG
Dr. Stefan Rieß
REDAKTION
Richard Schmising
LEKTORAT
bookwise, München
BILDREDAKTION
Nora Goth
SCHLUSSREDAKTION
Ulla Thomsen
SATZ
bookwise, München
REIHENGESTALTUNG
Independent Medien Design,
Elke Irnstetter, Mathias Frisch
KARTEN
Gecko-Publishing GmbH
für MERIAN-Kartographie
DRUCK UND BUCHBINDERISCHE VERARBEITUNG
Stürtz Mediendienstleistungen, Würzburg

Ein Unternehmen der
GANSKE VERLAGSGRUPPE

PEFC